Safari bei Ullstein

Safari bei Ullstein vereint Autoren und Buchtitel, die für das Abenteuer Forschung stehen: Entdeckerfahrten und Grabungskampagnen, Feldforschungen zur Biologie, zur Ökologie, Arbeiten zur Verhaltensforschung, zur Völker- und Länderkunde und zur Kulturgeschichte. Herausgeber der Reihe ist Peter Baumann, Sachbuchautor und Forschungsreisender.

Safari bei Ullstein
Ullstein Buch Nr. 32029
im Verlag Ullstein GmbH,
Frankfurt/M – Berlin – Wien

Vom selben Autor
in der Reihe
der Ullstein Bücher:

Grenzbereich Todeszone (20093)

Umschlagentwurf:
Hansbernd Lindemann
Umschlagfoto:
Reinhold Messner

Lizenzausgabe mit Genehmigung
der Verlagsanstalt Athesia, Bozen

Printed in Germany 1981

ISBN 3 548 32029 5

März 1981

CIP-Kurztitelaufnahme
der Deutschen Bibliothek

Messner, Reinhold:
Arena der Einsamkeit : Expeditionen
gestern – heute – morgen / Reinhold
Messner. – Frankfurt (M) ; Berlin ; Wien :
Ullstein, 1981.
(Ullstein-Buch ; Nr. 32029 :
Safari bei Ullstein)
ISBN 3-548-32029-5
NE: GT

Reinhold
Messner

Arena der Einsamkeit

Expeditionen
gestern – heute – morgen

Safari bei Ullstein

INHALT

Die Faszination der Einsamkeit

Das Entscheidende bei Expeditionen ist,
Erkenntnisse über sich selbst zu gewinnen.
Heinrich Harrer

DIE GESCHICHTE

Die Geschichte des außeralpinen Bergsteigens ist in seinen Epochen eine Wiederholung der Geschichte des alpinen Bergsteigens. So wie der Alpinismus in den Anfängen von Eroberungsgedanken geprägt wurde, später die Schwierigkeitsphase durchlief und heute in die sportliche Periode bzw. in den Freizeitalpinismus übergeht, so läßt sich das Bergsteigen an den großen und höchsten Gebirgen der Welt in eine Eroberungsphase, Schwierigkeitsphase und sportliche Schwierigkeitsphase einteilen. Diese Epochen allerdings setzten an den Weltbergen um ein Jahrhundert später ein als in den Alpen, dauerten jeweils kürzer und überlappten sich öfter und in weiterem Maße, als es im Alpenbergsteigen der Fall gewesen war. Heute sind wir mit der Entwicklung so weit, daß man nicht mehr zwischen der alpinen Geschichte im Yosemite, den Alpen oder im Himalaja sprechen kann, es darf im Grunde nur mehr von einer weltweiten Entwicklung des Bergsteigens gesprochen werden.

Mit der Eroberung des Matterhorns endete 1865 die Eroberungsphase des großen alpinen Bergsteigens, gleichzeitig begann damit diese Phase an den höchsten Bergen der Welt. Dieselben Männer, die wie Whymper ihren Fuß erstmals auf die kühnsten und höchsten Alpengipfel gesetzt hatten, zogen nun aus, um jene traumhaften Bergriesen zu erobern, von denen sie bisher nur gehört hatten. 1880 bezwang Whymper mit J. A. und L. Carrel den Chimborasso, 6310 m, in Ecuador. Zwar hatten schon vorher Reisende wie Marco Polo im 13. Jahrhundert, der Seefahrer Jan Carstensz und zahlreiche Missionare im 17. Jahrhundert von fremdländischen, eisbedeckten Gebirgen erzählt, aber noch keinerlei bergsteigerisches Interesse gezeigt. Zu Beginn des 19. Jahrhunderts dann fing man an, die großen Flüsse bis zu ihren Ursprüngen zu erforschen und nach und nach auch die Gebirge in Asien, Alaska und Südamerika zu vermessen. Obwohl bei diesen Vermessungsarbeiten mehrere Fünf- und Sechstausender bestiegen worden sind, standen dabei bergsteigerische Interessen im Hintergrund – man wollte und mußte Vermessungspunkte schaffen.

Nach der Erforschung und Vermessung der großen Gebirge konnten nun die Gipfelbesteigungen beginnen.

Lager 12 an der Chogolisa im Karakorum, 1909

G. L. Mallory

Die alpinen Erfolge aber waren lange Zeit recht kärglich. Hatte um das Jahr 1860 ein Beauftragter des topographischen Dienstes (Survey of India) den Sechstausender Shilla im Pandschab-Himalaja bestiegen, konnte der erste Siebentausender erst ein halbes Jahrhundert später erobert werden: 1907 bezwangen Tom Longstaff und ein Gurkha mit zwei Führern aus Courmayeur den Trisul, 7120 m hoch. Zwei Jahre später, 1909, stellten der Herzog der Abruzzen und drei Führer aus Courmayeur an der Chogolisa im Karakorum einen Höhenrekord auf. Sie erreichten eine Höhe von 7500 m, nicht aber den Gipfel. Bezeichnenderweise waren bereits vorher die höchsten Gipfel der Erde, die Achttausender, versucht worden.

1895 wagte Albert Frederick Mummery, der einer der besten Alpenbergsteiger gewesen war, einen ersten Versuch am Nanga Parbat. Er ging, nachdem ihm die ungeheure Rupalflanke zu steil erschienen war, westlich um den Nanga Parbat herum und versuchte sich an der lawinengefährlichen Diamirseite. Er ging mit seinen Alpenvorstellungen an diesen Berg heran und mußte deshalb scheitern. Obwohl Mummery der Ansicht gewesen war, den Berg mit ein bißchen Wetterglück nehmen zu können, fehlten ihm Wissen und Erfahrungen um diese Höhen und damit die psychische Voraussetzung, in die Todeszone vorstoßen zu können. Mummery ist bei dieser Expedition, beim Versuch eines Übergangs aus dem Diamir- ins Rakhiottal, verschollen.

1902 nahmen die Österreicher Eckenstein, Pfannl und der Schweizer Jacot-Guillarmod den K 2 in Angriff. 1909 versuchte sich der Herzog der Abruzzen an diesem zweithöchsten Berg der Erde. Waren diese Expeditionen vor dem Ersten Weltkrieg meist nur von Abenteuerlust und Eroberungswillen diktiert worden, so begann bald nach dem Ersten Weltkrieg ein nationalgeprägtes Ringen um die höchsten Gipfel der Welt. Während man die ersten großen Expeditionen aus eigener Tasche oder mit Freunden finanziert hatte, fanden sich jetzt staatliche Geldquellen, und vielfach bangte eine ganze Nation um die Männer, die in der Einsamkeit gegen Höhenstürme, Kälte und die sauerstoffarme Luft der Achttausender kämpften. Die besten Alpinisten der jeweiligen Nationen taten sich zusammen oder wurden auserkoren, in die Anden oder in den Himalaja zu fahren. Dort hofften sie zu finden, was in den Alpen mehr und mehr geschwunden war – Neuland.

»Es geht dem Eisland entgegen. Ich halte wieder den Pickel in der Hand, ich höre das Zelt im Wind knattern, ich wittre Bergluft . . ., wir fahren übers Meer den weißen

Norton im Aufstieg am Mount Everest, in ca. 8200 m Höhe, 1924

Bergen entgegen ...! Der Bergvagabund ist den rechten Weg gegangen ... den rauhen Weg, den Weg – der ein Ziel war ...

Aus dem Traum der Jugend reift die Tat des Mannes. Eine Sehnsucht erfüllt sich: Weltweite, Weltberge ... Die Aufgabe ist gestellt: Film, Kamera, Arbeit ... die große Wand des Lebens wächst, sich aus grauen Nebeln lösend, auf ... steil wie die übereinandergetürmten Mauern des Matterhorns und der Jorasses ... rätselhaft und schimmernd wie die Eisberge der Arktis und wolkenhoch und gewaltig wie die Gipfel des Himalaja ...« So zieht der Bergvagabund Hans Ertl, den die Alpen nicht mehr zu faszinieren scheinen, aus, um die Berge der Welt zu erobern. Mit großer Begeisterung und viel Optimismus versuchte man gleich, die höchsten Gipfel zu stürmen. 1921, 1922, 1924 versuchten englische Bergsteiger den Mount Everest. Dabei wurde öfters die Achttausendmetergrenze, sogar ohne Sauerstoffgerät, überschritten. Mallory und Irvine verschwanden Anfang Juni

1924 in der Gipfelzone des Everest. Mit diesen Expeditionen erst schwand der allgemeine Optimismus um die Eroberung der Achttausender. Zweifel kamen auf, ob diese überhaupt möglich seien, ob die Sauerstoffgeräte nicht eine allzu große Belastung darstellten. Die Sauerstoffgeräte, 1922 erstmals an großen Bergen eingesetzt, nahmen auch in den vier folgenden Everest-Expeditionen einen weiten Diskussionsraum ein. Trotzdem schien es, daß die Höhengrenze von 8600 m nicht überschritten werden könne.

So wie die Engländer am Everest um einen Erfolg rangen, taten dies die Deutschen am Kangchendzönga – 1929 und 1931 – und dann am Nanga Parbat. Einem Versuch folgte der nächste, einer Tragödie die andere. 1934 waren einige der besten deutschen Bergsteiger, darunter Willo Welzenbach, im Schneesturm umgekommen. 1937 kam eine gesamte Bergsteigermannschaft unter eine Lawine. 1938 setzte Paul Bauer für seine Expedition sogar ein Flugzeug ein, das Ausrüstung und Verpflegung am Silberplateau abwerfen sollte. Alles vergebens. Trotz der vielen Toten und der ständigen Mißerfolge blieb die Eroberung des Nanga Parbat ein nationaldeutsches Anliegen.

»Wir werden auch manchmal gefragt, ob denn der fremde, ferne Berg den Einsatz so vieler wertvoller Menschenleben wert sei. Diese Frage ist schwerer zu beantworten, weil sie nur vom Kämpferischen her geklärt werden kann. Unsere toten Freunde, die am Nanga Parbat blieben, wußten, daß es wert ist, sein Leben einzusetzen für diesen Vorstoß ins scheinbar Unmögliche, denn sie wußten, daß nur der Geist allein, der ins Ungewisse vordringt, die Grenzen menschlichen Raums erweitern kann und nur so geistiges Neuland zu gewinnen vermag. Einmal aber – und daran glaube ich felsenfest – wird auf dem Gipfel des Nanga Parbat die Hakenkreuzfahne

wehen, und dann werden alle Fragen gelöst und die großen Opfer der deutschen Bergsteiger verstanden sein.«
Fritz Bechtolds Vorstellungen haben sich nicht erfüllt, da der Zweite Weltkrieg die politische Bühne völlig veränderte. Nach wie vor aber blieb der Nanga Parbat der »deutsche Schicksalsberg«, so wie die Amerikaner und die Italiener den K 2, an dem Houston 1938 und der Deutschamerikaner Wiessner 1939 beachtliche Höhen erreicht hatten, für sich beanspruchten. So blieb bis nach dem Zweiten Weltkrieg die Nanda Devi, 7816 m, nach dem 1931 von einer britischen Expedition bestiegenen Kamet, der höchste von Menschen je erreichte Gipfel.

Mit den ersten Genehmigungen nach dem Zweiten Weltkrieg ins Himalajagebirge reisen zu dürfen, ent-

Eric Shipton, der große Pionier der dreißiger Jahre

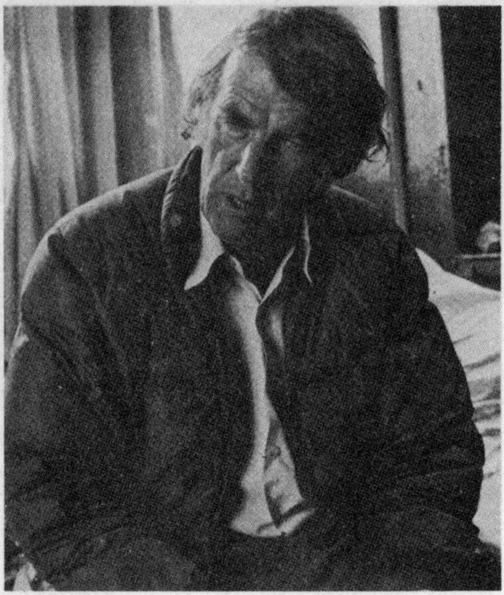

Sir Edmund Hillary

flammte von neuem ein nationales Prestigedenken. Waren die Franzosen bei der Eroberung der Weltberge bisher im Hintergrund gestanden – sie hatten nur am Hidden Peak im Karakorum einen Versuch unternommen –, so setzten sie nun, wo sie auch in den Alpen die führende Nation in Sachen Alpinismus geworden waren, alles daran, ihr Defizit bei der Eroberung der Achttausender wettzumachen. »In endlosen Besprechungen, wie das unter Kletterern so üblich ist, versicherte man mir, daß Lucien Devies, der große Neubeleber des französischen Alpinismus, darauf dränge, Frankreich in der Geschichte der Eroberungen der höchsten und schwierigsten Gebirge einen wichtigen Platz zu verschaffen. Bisher war Frankreichs Beitrag auf diesem Gebiet bescheiden gewesen: Einer einzigen französischen Expedition – 1936 zum Hidden Peak – standen 30 englische, fast ebenso viele deutsche, 4 oder 5 italienische, ja selbst 3 amerikanische gegenüber, wobei zu berücksichtigen ist, daß sich Amerika erst in jüngster Zeit dem Alpinismus zugewandt hat. Die Eroberung des ersten Gipfels über 8000 Meter sollte dies nun wettmachen und uns unserem wahren Wert entsprechend eingliedern.« So schildert Terray die Situation, bevor er 1950 unter Leitung von Maurice Herzog zum Dhaulagiri aufbrach. Dieser Expedition gelang nach Erkundung dieses Achttausenders die Annapurna, 8091 m hoch, damit die Bezwingung des ersten Achttausenders. Mit großer Schnelligkeit und einer beeindruckenden Entschlußkraft war den Franzosen, die mit geringer Auslandserfahrung in den Himalaja gekom-

Hermann Buhl im Lager I am Broad Peak, 1957

men waren, gelungen, wovon viele Spitzenbergsteiger der Zwischenkriegszeit nur geträumt hatten: der Gipfelsieg an einem der 14 Achttausender.

Unwillkürlich fragt sich der Historiker nach den Gründen des Erfolges. Einmal hatten die Franzosen die wirklich besten Bergsteiger aus ihrem Land für das Unternehmen Annapurna unter einen Hut gebracht, zum anderen hatten sie neuartige Ausrüstungsgegenstände wie Daunenjacken, leichte Zelte und Schlafsäcke entwickelt. Die expeditionserfahrenen Engländer waren bergsteigerisch nicht so geschult wie die jungen Franzosen, und die unter sich zerstrittenen Bergsteigergruppen in Deutschland hatten nie die Großmut aufgebracht, für einen gemeinsamen Erfolg alte Streitigkeiten zu begraben. Sicher, auch die französische Annapurna-Expedition hatte nicht in vollkommener Harmonie geendet, aber die Kampfeskraft der Mannschaft und die gemeinsamen Erfahrungen der maßgeblichen französischen Bergsteiger hatten für die Besteigung des ersten Achttausenders ausgereicht.

Nach mehreren weiteren Versuchen – jetzt an der nepalesischen Seite, die früher aus politischen Gründen unzugänglich gewesen war – gelang 1953 die Besteigung des Everest, des höchsten Berges der Welt. John Hunt, ein Oberst, führte sein englisches Team militärisch, und am 29. Mai 1953 betraten der Neuseeländer Edmund Hillary und der Sherpa-Sirdar Tensing Norgay den 8848 m hohen Gipfel des Chomolungma, wie die Einheimischen den höchsten Berg der Erde nennen. Wenige Wochen später, am 3. Juli des Jahres 1953, stand der Tiroler Hermann Buhl auf dem Gipfel des Nanga Parbat.

Buhl war allein vom Lager in 6900 m Meereshöhe aufgebrochen und hatte bei seinem einsamen Gipfelgang 7 Kilometer Entfernung und 1300 Höhenmeter zu überwinden. Der in extremen Alpenwänden geschulte Bergsteiger brachte nicht nur den Willen mit, diese unvorstellbaren Entfernungen in der Todeszone Schritt für Schritt zurückzulegen, sondern auch das technische Können und die Konzentration, da oben schwierige Kletterstellen zu meistern, und zudem die psychische Kraft, ein Biwak in 8000 m Meereshöhe zu überstehen und wieder abzusteigen. Buhl hatte für seinen Gipfelgang nicht die besseren Voraussetzungen vorgefunden, wie sie die Expeditionen der Vorkriegszeit gehabt hatten. Auch benützte er keine Sauerstoffgeräte. Er hatte seinen Vorgängern, die seinen Erfolg hinterher nicht ungern einem übermäßig großen Maß von Glück zuschrieben, Schnelligkeit, Entschlußkraft, Zähigkeit und vor allem instinktives Kletterkönnen voraus, die es ihm erlaubten, die bis dahin unbekannt gebliebene Kletterstrecke bis zum Gipfel allein zu meistern. Der Nanga Parbat war Buhls erste Expedition gewesen. Die Situationen aber, die er bei zahlreichen Alpentouren an der Grenze des damals Menschenmöglichen erlebt hatte, gaben ihm die Voraussetzungen, auch in der Todeszone allem gewachsen zu sein.

1954 belagerte und stürmte eine italienische Expedition, unter der Leitung von Ardito Desio, den K 2, der 1953 nochmals einem amerikanischen Versuch getrotzt hatte. Am 31. Juli standen Compagnoni und Lacedelli, einer der besten damaligen Dolomitenkletterer, auf dem Gipfel des zweithöchsten Berges der Erde, 8611 m hoch. Im Herbst des gleichen Jahres erreichte der Österreicher Dr. Herbert Tichy mit seinem Freund Sepp Jöchler und dem Sirdar Pasang Dawa Lama den Gipfel des Cho Oyu, 8153 m. Im Gegensatz zur italienischen K-2-Expedition, die mit vielen Tonnen von Material und unzähligen Trägern operierte, hatte Tichy erstmals eine Kleinexpedition zum Erfolg an einem Achttausender geführt. Natürlich ist der K 2 höher und weitaus schwieriger als der Cho Oyu, der – betrachtet man ihn jetzt nur von seinem Nor-

Der Cho Oyu von Westnordwesten, 8153 m

malweg her – als der leichteste Achttausender gilt. Trotzdem ist die Tichy-Expedition wichtig für die Geschichte des Expeditionsbergsteigens. Sie weist in die Zukunft. Dr. Tichy, der sich selbst nicht als Expeditionsbergsteiger verstand, hatte in Sepp Jöchler einen erfahrenen Spitzenbergsteiger zur Seite und im Sherpa-Führer Pasang Dawa Lama einen einsatzbereiten Hochträger, der mehr als nur Hochträger war. Tichy brachte etwas Neues ins Expeditionswesen: das Sportlich-Spielerische. Er ist der geistige Initiator des sportlichen Eroberungsalpinismus an den Achttausendern: hier eine Handvoll Freunde – dort der große Berg. Die Besteigung der Achttausender zeigte erstmals spielerischen Charakter, nachdem sie bisher vom reinen Eroberungsgedanken und von nationalem Prestigedenken getragen gewesen war.

Nachdem jetzt die beiden höchsten Berge der Welt bestiegen waren, Buhl am Nanga Parbat den Gipfel sogar allein erreicht hatte und Dr. Tichy eine Mini-Expedition zum Erfolg geführt hatte, hätte eine rein bergsteigerische Weiterentwicklung des Expeditionsbergsteigens mehr und mehr sportliche Züge annehmen müssen. Die 9 verbliebenen Achttausender hätte man mit immer weniger Material versuchen müssen und nicht – wie es geschehen ist – den Erfolg um jeden Preis suchen. Mit einer einzigen Ausnahme aber wurde das erfolgversprechende Rezept der ersten Achttausendersiege weiter angewandt. Wieder waren es nationale Expeditionen, die – wie 1955 die Franzosen am Makalu und wenig später die Engländer am Kangchendzönga – ihre Fahnen auf den Gipfeln hißten. Eine ganze Nation identifizierte sich oft

Der 5-Achttausender-Mann Kurt Diemberger am Tirich West IV, 1967

mit ihren Achttausenderbezwingern, und es ist verständlich, daß wieder Bergsteiger auszogen und wieder alles einzusetzen bereit waren – vom Sauerstoffgerät bis zum aufputschenden Medikament –, nur um einen neuen Erfolg zu bringen.

Es waren noch nicht alle Achttausender bestiegen, als 1957 Hermann Buhl, Marcus Schmuck, Fritz Wintersteller und Kurt Diemberger aufbrachen, um den Broad Peak im Karakorum erstmals zu besteigen. Sie wollten dabei nicht nur auf Sauerstoffgeräte, sondern auch auf Hochträger verzichten, und mit ihrem Gipfelerfolg haben sie sich dem Ideal genähert, das die Achttausender sportlich noch anziehender erscheinen ließ: die Achttausender als Maßstab für die Größe Mensch. Die österreichische Broad-Peak-Expedition hatte zwar noch 3 Hochlager aufgebaut und da und dort Fixseile eingesetzt, alle 4 Teilnehmer aber erreichten am gleichen Tag den Gipfel. Es war am 9. Juni 1957. Bezeichnend für den geistigen Stand der weiteren Achttausenderbesteigungen ist die Tatsache, daß dieses Beispiel nicht Schule gemacht hat und daß sogar heute noch – ich denke jetzt an die italienische Mammutexpedition unter Guido Monzino zum Everest 1973, bei der sogar Hubschrauber eingesetzt wurden (vergleiche dazu die Bauer-Expedition 1938 am Nanga Parbat), und an die deutsch-österreichische Kantsch-Expedition zum Yalung Kang 1975 – über der sportlichen Idee der Siegesgedanke um jeden Preis steht. Monzino hätte die Möglichkeit gehabt, mit seinem Riesenaufwand die damals noch unbezwungene Südwestwand am Everest zu versuchen, und der expeditionserfahrene Aebeli hätte mit seinem ärztlich vorbildlich betreuten Team eine von den 3 Gipfelseilschaften einen Versuch ohne Sauerstoffgeräte ausführen lassen können. Diese beiden Expeditionen hatten das Recht, mit ihrer Expeditionsgenehmigung zu machen, was sie wollten und wie sie es wollten. Ein weiterer Schritt aber im Expeditionsbergsteigen wäre nur bei größeren Schwierigkeiten bzw. reduziertem technischem Einsatz möglich gewesen. Nicht aber an einem Normalweg mit allen erdenklichen technischen Mitteln. Das Risiko, bei einem Versuch ohne Gipfel heimzukommen, wäre natürlich ungleich größer gewesen, und das sportliche Denken eines Albert Frederick Mummery, der bereits vor 80 Jahren »einen gescheiterten Versuch an einer unberührten Wand rühmlicher« fand als »die erfolgreiche Wiederholung einer bereits begangenen Route«, setzt ein spielerisches Denken voraus, das sich vereinzelt jetzt in Amerika und in den Alpen zeigt und das die ferne Zukunft des Expeditionsbergsteigens prägen wird.

Noch bevor alle Achttausender bestiegen waren, begann Anfang der sechziger Jahre der Schwierigkeitsalpinismus an den Achttausendern. In dieser Zeit waren alle wichtigen Gipfel in Südamerika, Alaska, Neuseeland und Neuguinea bereits bestiegen, und da und dort hatte man begonnen, neue schwierige Routen zu suchen. Was lag näher, als auch auf die bereits bestiegenen Achttausender, die aufgrund ihrer absolut größten Meereshöhe die Geschichte bestimmten, neue schwierige Wege zu suchen. Der Schwierigkeitsalpinismus, der in den Alpen um die Mitte des 19. Jahrhunderts begonnen hatte, um die Jahrhundertwende sein goldenes Zeitalter erlebte und in der Zwischenkriegszeit seinen extremen Höhepunkt gefunden hatte, wurde nun auf die größten Höhen der Erde übertragen. Zuerst waren es leichtere Grate und Flanken, die angegangen wurden, dann sofort die größten und steilsten Wände. 1962 stiegen Toni Kinshofer – vielleicht der einzige deutsche Bergsteiger der Nachkriegszeit, der absolute Weltspitze war –, Sigi Löw und Anderl Mannhardt über die Diamirflanke bis zum Nanga-Parbat-Gipfel, und ein Jahr später führte Norman

Dyhrenfurth die amerikanische Everest-Expedition zu einem grandiosen Doppelerfolg: Eine Seilschaft stieg vom South Col aus zum Gipfel, eine zweite erreichte diesen erstmals über den Westgrat. Die beiden, Thomas Hornbein und Willi Unsoeld, stiegen dann über den Südgrat ab und führten so die erste Überschreitung des Everest und gleichzeitig die erste Achttausenderüberschreitung überhaupt durch.

Weitere Grate wurden versucht, dann und wann auch einer bis zum Gipfel erklettert, aber man widmete sich ihnen nicht mehr mit derselben Intensität, mit der die Achttausender in den fünfziger Jahren angegangen worden waren und mit der jetzt Spitzenbergsteiger aus aller Welt die Achttausenderwände angriffen.

Dougal Haston, der Bezwinger von Annapurna- und Everest-Südwand

Vielleicht war es auch die Tatsache, daß die Grate vielfach länger und gefährlicher sind als die Wände, mehr dem Wind und den Wetterstürzen ausgesetzt, die die Wände in den Mittelpunkt des bergsteigerischen Interesses rückte und die Grate – wenigstens vorläufig noch – zweitrangig erscheinen ließ.

1954 bereits hatte ein französisches Team die Südwand des Aconcagua durchstiegen, eine extrem schwierige 3000-m-Wand auf den höchsten Gipfel Amerikas. Seit Mitte der sechziger Jahre versuchten sich die besten deutschen Bergsteiger an der Südwand des Nanga Parbat, die als die höchste Fels- und Eiswand der Erde gilt, und in der Vormonsunzeit 1970 standen Dougal Haston und Don Whillans auf dem Gipfel der Annapurna, die sie über die 3000 m hohe, äußerst schwierige Südwand bezwungen hatten. Das war die erste große Wand an einem Achttausender, reiner Schwierigkeitsalpinismus in der gefürchteten Todeszone. Es sollte sich nun ein Rennen um die großen Achttausenderflanken anbahnen, gleich wie es das Alpenbergsteigen in den dreißiger Jahren erlebt hatte, als es an die letzten Probleme, um die großen Wände der Alpen, gegangen war. Wenige Wochen nach dem Erfolg der Anglo-Amerikaner an der Annapurna erreichte ich mit meinem Bruder Günter den Gipfel des Nanga Parbat. 40 Tage lang hatten wir in seiner Südwand, der Rupalflanke, geklettert, Fixseile angebracht, Lager aufgebaut und so, unterstützt von einer deutsch-österreichischen Mannschaft unter der Leitung von Dr. Herrligkoffer und einem Dutzend Hunza-Hochträgern, die Voraussetzungen für diesen Gipfelerfolg geschaffen.

Noch mehr Material, ja sogar Hubschrauber, setzten die Franzosen ein, die 1971 den Westpfeiler des Makalu bezwangen, einen riesenhaften Walkerpfeiler im Himalaja.

In den nächsten Jahren folgten zahlreiche kühne Versuche, darunter die erfolgreiche Durchsteigung der

Manaslu-Südwand. Alles bergsteigerische Interesse war jetzt auf die Südwestwand des Everest gerichtet, die schwierigste Wand am höchsten Berg, die einen Höhepunkt im Schwierigkeitsalpinismus schlechthin bringen mußte. Jahr für Jahr gab es Versuche, die Gründe des Scheiterns waren mannigfaltig. In der Nachmonsunzeit 1975 endlich trafen alle Voraussetzungen für einen Gipfelerfolg zusammen: ein fähiger Expeditionsleiter, Chris Bonington, der bereits die erfolgreiche Annapurna-Expedition geleitet hatte, eine technisch und konditionell starke Mannschaft, die sich in den winterlichen Westalpen bestens vorbereitet hatte, und beim stabilen Herbstwetter die richtige Taktik. Dougal Haston und Doug Scott erreichten als erste Seilschaft den Gipfel.

Wie damals nach der Erstbesteigung des Everest 1953 weitere Achttausender übriggeblieben waren, die man ohne Sauerstoffgeräte, ohne Nachschubapparat und vor allem auch ohne Aufputschmittel hätte angehen können, so bleiben jetzt nach der Durchsteigung der Everest-Südwestwand Achttausenderwände, die zum fairen sportlichen Bergsteigen herausfordern. Große technische Schwierigkeiten, geklettert in großer Meereshöhe von einer Seilschaft, die, auf sich allein gestellt, auf alle medizinischen Aufputschmittel und Sauerstoffhilfen verzichtend, in diese Arena der Einsamkeit vordringt – das sind die Ziele, die nach 100 Jahren Expeditionsgeschichte bergsteigerisch die letzte Herausforderung bleiben. In diesem Sinne haben Peter Habeler und ich im Sommer 1975 einen Augenblick vor der Durchsteigung der Everest-Südwestwand, die als letzte einen großen Einsatz von Menschen und Materialien rechtfertigte, erstmals einen Achttausender zu zweit erklettern können. Mit 200 kg Gepäck, einem Zehntel etwa von dem, was die vorbildliche Broad-Peak-Expedition 1957 eingesetzt hatte, haben wir uns an eine schwierige Achttausenderwand herangewagt,

Doug Scott,
zur Zeit erfolgreichster britischer Expeditionsbergsteiger

die wir genauso besteigen konnten wie die Brüder Schmid 1931 die Matterhorn-Nordwand.

In den vergangenen 5 Jahren hat sich die Entwicklung des Expeditionsbergsteigens förmlich überschlagen:

Alle Achttausender sind inzwischen wenigstens einmal ohne Maske bestiegen worden; an den steilsten Pfeilern und Wänden einiger Siebentausender im Garhwal und Karakorum wurden Routen erschlossen, die alle Schwierigkeiten der großen Alpenrouten übertreffen; ich selbst konnte meinen lang gehegten Traum einer absoluten Alleinbesteigung eines Achttausenders verwirklichen. Nachdem man gelernt hat, auf die Sauerstoffgeräte zu

Yannick Seigneur, zur Zeit erfolgreichster französischer Expeditionsbergsteiger

verzichten, wird jetzt sogar an hohen Achttausendern auf Hochträger ganz verzichtet. Es ist weniger wichtig, ob zum Beispiel Sherpas als »gleichwertige Expeditionsmitglieder« dabei sind oder ob sie als »Hochträger« fungieren – wer kann mir schon den Unterschied erklären –, Fremdhilfe ja oder nein ist heute die Frage. Und daß ein einzelner fähig ist, allein, ohne wesentliche technische Hilfsmittel, ohne Fremdhilfe von der Basis bis zum Gipfel des Mount Everest zu klettern, ist in den Bereich des Möglichen gerückt. Wie in den Anfängen des Expeditionsbergsteigens sind es wieder die Briten, die neue Impulse geben.

Was heute, nach 100 Jahren Expeditionsbergsteigen, an Neuland geblieben ist, ist nur der Mensch, der Mensch als Komponente im Spiel an den höchsten Bergen der

Welt. Wenn es auch von vorneherein für die Menschheit unwichtig gewesen war, den Mount Everest zu besteigen oder die Rupalflanke zu durchklettern, so hatten ähnliche Probleme etwas Zwingendes, solange dies niemandem gelungen war. Jetzt aber, wo alle 14 Achttausender bestiegen sind und viele der großen Wände ihre Erstbegeher gefunden haben, ist es nicht mehr in erster Linie der Berg, der herausfordert, der Berg mit seiner Höhe, den Umweltbedingungen und den technischen Schwierigkeiten, sondern die Frage nach dem Verhalten des Menschen in dieser Höhe, bei diesen Schwierigkeiten, in dieser grenzenlosen Einsamkeit. Ist es früher vielfach um den Erfolg, um nationales Prestige und nicht zuletzt um wissenschaftliche Erkenntnisse gegangen, so geht es heute um unser persönliches Erleben.

AUSSTEIGEN

Die Welt beginnt unwohnlich zu werden. In seinem Hunger nach Wohlstand hat der Mensch des Industriezeitalters mehr und mehr von dieser Erde verschlungen. Zurück bleibt die Wüste: Industrieflächen, Wohnsilos, Asphaltstraßen. In dieser Welt des Komforts sind zwar fast alle materiellen Wünsche erfüllt, viele elementare seelische Bedürfnisse des Menschen aber bleiben unbefriedigt; schwere psychische Störungen zeichnen sich ab. Wenn wir das Geheimnis der Erde nicht mehr um uns haben – das Fließen des Wassers, die Wärme des Bodens, die durchsichtige Frische der Luft –, wie sollen wir in dieser Welt überleben können? Wie sollen unsere elementaren menschlichen Fähigkeiten wachsen, wenn wir sie nicht gebrauchen? Es gibt zwar mehr freie Zeit als je zuvor, aber was können wir damit anfangen?

Aussteigen! So lange dorthin gehen, wohin ich möchte. Ich kann nicht umkehren, nicht mehr wie im 19. Jahrhundert leben. Mit Hilfe der Technik aber kann ich zeitweise aussteigen. Dort, wo die Flüsse noch nicht gezähmt sind, das Dickicht noch geheimnisvoll ist und die Weite ohne menschliche Spur, muß ich mich selbst fortbewegen, auf meine Partner eingehen, Lagerstellen suchen, mich durchschlagen – und – den Tod als Teil des Lebens akzeptieren. Für mich hat die Technik ihre Faszination längst schon verloren, ich bin auf der Suche nach menschlichen Proportionen. Mein Traum ist nicht der Mond oder der Computer – mein Traum ist ein Stück Land, das niemand kaufen kann, ein Stück Land, das ich liebe, weil ich zu ihm gehöre, in dem mein Geist weiterleben möchte, in dem ich so leben kann, wie ich es will.

DER MENSCH UND DIE HÖCHSTEN BERGE

Die Bewunderung der Bergwelt, die Freude an deren Formen und Figurationen sind nicht in unserer Zeit entstanden, sie sind bei fast allen Völkern vorhanden, und zwar seit Jahrtausenden schon. Obwohl diese Bewunderung – oft bis zur Furcht verdichtet – die Berge zu Trägern geheimnisvoller, ja sogar göttlicher Kräfte macht, sind ihre Flanken und Gipfel heute das Ziel zahlloser Menschen aus allen Industrienationen der Erde.

In der Beziehung des Menschen zu den Bergen ist das Phänomen, das wir heute Alpinismus nennen, die zeitlich letzte Phase. Das Auslandsbergsteigen wiederum mit

Die Everest-Südwestwand vom Tal des Schweigens aus gesehen

dem sportlichen Charakter unserer Jahre ist die vorläufig letzte Phase des Alpinismus. Es drängt sich nun die Frage auf, warum der Mensch, der Hand in Hand mit der Technisierung die Alpen als »Spielraum« entdeckte, heute, im Zeitalter der Vereinsamung in der Masse, die größtmögliche Einsamkeit in fernen Berggebieten sucht.

Sicher, schon vor urdenklichen Zeiten wurden hohe Berge zur Vornahme ritueller Handlungen bestiegen, in Südamerika, in China, in Indien. Man sah in ihnen Helfer des Himmelsgottes, die den Menschen Schutz verliehen, Ruhe spendeten, ihnen Wasser und Holz zuführten. Später erst fürchteten die Menschen die Berge als Aufenthaltsorte böser Dämonen und verehrten sie als Sitz mächtiger Gottheiten. Die Berge waren nun Konzentrationsstätten, Pole der Ruhe und des Vertrauens, der Kraft und Ordnung, gleichzeitig aber auch Symbol alles Unerreichbaren. In vielen außereuropäischen Ländern sind sie es heute noch – für die Einheimischen und die Pilger, die oft wochenweit gehen, nur um sie sehen zu können.

All das nun, was die Berge in der Vorstellungskraft der Naturmenschen zum Lieblingsaufenthalt von Dämonen und Gottheiten macht – Blitz, Donner, Sturm, ihre Wucht, das Unbekannte, die Formen, die Schluchten, tiefen Klüfte, unbekannten Gefahren –, durchtränkt mit dem Grauen und Reiz alles Geheimnisvollen, ist es auch, was sie uns faszinierend erscheinen läßt. Uns, die wir allen Glauben an Geister und Dämonen abgelegt haben und gewohnt sind, mit Maschinen umzugehen, rationell zu denken, unsere Zeit einzuteilen. Und so, wie die Naturmenschen in der Beobachtung der Größe und Höhe des Berges die menschliche Größe und Höhe des »Himmels« zu finden hoffen, suchen wir sie bei der Besteigung; in einer Umgebung, die seit Jahrtausenden die gleiche geblieben ist, deren wissenschaftliche Erforschung für die Menschheit belanglos bleibt.

Es wurde nicht immer so gedacht. Im Jahrhundert, das für die Erschließung der großen, fernen Berge grundlegend war, sind Bergsteigergruppen oft ausgezogen mit dem Auftrag, zu »siegen«, mit wissenschaftlichen Programmen und klaren Zielen bis hin zum nationalbetonten Wettlauf um die 14 Achttausender.

Es war dies der Kampf um die höchsten Gipfel in der »Arena der Einsamkeit«. Auch heute noch steckt ein wettkämpferisches Element im großen Bergsteigen, das, wie jedes menschliche Spiel und jeder Sport, den unmittelbaren Vergleichskampf von Mann zu Mann zur Basis hat. In diesem Falle aber spielt sich der Wettkampf wie eh und je in völliger Einsamkeit ab, ohne Zuschauer, ohne Presseleute, ohne unmittelbaren Kontakt zur Außenwelt; in einer Umgebung, die an Höhen und Gefahren alles übertrifft. In dieser mächtigsten Arena der Erde, oft mehrere hundert Kilometer von jeder menschlichen Behausung entfernt, liegt auch die Zukunft des großen Bergsteigens.

Heute, wo alle 30 höchsten Berge der Erde bestiegen sind, viele der großen Wände erklettert, bleibt in der 200 Jahre alten profanen Auseinandersetzung Mensch–Berg nur der Mensch als Neuland, der Mensch in seinem Verhalten in dieser einsamen Arena aus Fels und Eis. Das Verhalten einer kleinen Gruppe von Menschen in einer Umwelt ohne andere, ohne zwingend notwendige Zeiteinteilung, ohne Maschinen, ohne Dein und Mein; eine Gruppe, die den ältesten Gewalten der Welt gegenüber zu überleben sucht, erkennt in dieser Einsamkeit alte Gesetze wieder, so zum Beispiel, daß jede Gruppe einen Führer braucht und daß jeweils dem Fähigsten diese Führung instinktiv übergeben wird und dieser sie übernimmt. Daß es gar nicht wichtig ist, schnell an ein Ziel zu gelangen, daß wochenlanges Warten, Dahinwandern ebenso großer Gewinn sein kann wie erfolgreiches Zuschlagen. Daß wir glücklicher sind, wenn wir die Zeit nur noch nach Sonnenaufgang und Sonnenuntergang bemessen. Jede Expedition ist eine Schule, auf sich allein gestellt leben zu können, Einsamkeit ertragen zu lernen. Hier stelle ich nun die höchsten Berge der Welt vor, die jeweils höchsten Berge der Kontinente, erzähle ich von meinen Expeditionen, als wären sie eine einzige gewesen.

Expeditionen – gestern

Dieses Ringen um die höchsten Gipfel der Welt ist zu einer Menschheitssache geworden, zu einer Aufgabe, der sich der alpenländische Mensch nicht entziehen kann, trotz aller Opfer, die dieser Kampf kostet. Denn eine große Himalaja-Expedition, die auch bergsteigerisch erstklassige Ziele verfolgt, ist keine Vergnügungsreise, kein bloßes Abenteuer, kein gewöhnlicher Sport. Um die Gipfel der Welt starben schon viele tapfere Männer vieler Nationen. Nur eine sehr oberflächliche oder zum mindesten sehr einseitige Betrachtungsweise versucht gelegentlich noch, als bloße Sensationslust und Rekordsucht abzutun, was in Wahrheit innere Notwendigkeit ist.

Günter Oskar Dyhrenfurth
in »Himalaja-Fahrt«

Was wären Vorsicht und Vernunft ohne den Mut zum Abenteuer, was wären die Schwierigkeiten ohne die ständige Gefahr des Absturzes, was wäre Vertrauen, wenn es nicht oft um Leben oder Tod ginge, was wäre die Seilschaft, wenn sie da oben nicht auf sich allein gestellt wäre.

Der Gipfel des Jannu, 7710 m, Himalaja, Nepal

DIE HÖCHSTEN BERGE DER ERDE – WAS MAN 1930 WUSSTE

»Die Kenntnis, das Wissen um diese mächtigen Bergwelten beschränkt sich im allgemeinen auf die Tatsache, daß die asiatischen Gebirge weniger erforscht und erschlossen sind als die Alpen und daß der Mount Everest, der höchste Berg der Erde, noch unbestiegen ist.« Es galt damals noch nicht als bewiesen, daß der Mount Everest wirklich der höchste Berg der Erde ist, und man vermutete weit im Osten des Himalaja noch höhere Berge.

»Völlig unklar ist man sich aber, welchen Himalajagipfel man als den zweithöchsten Berg der Erde anzusprechen hat. Um diesen Rang bewerben sich der jetzt vielgenannte Kangchendzönga und der K 2 oder Tschogo-Ri oder Dapsang oder Godwin Austen. Beide Berge hat man wiederholt und genau trigonometrisch vermessen und dabei für den Kangchendzönga 8580, für den K 2 8619 m errechnet. Warum ist man sich dann nicht klar, welcher der höhere ist?

Man hat feststellen müssen, daß die Vermessungen trotz aller Genauigkeit unzweifelhaft falsch sind. Vor allem wechselt, was ohne weiteres einleuchtet, die Höhe der Schneeauflage. Der Unterschied kann ruhig zwanzig Meter betragen.«

So sieht Fritz Schroedter den Streit um die verschiedenen Höhen der großen Berge. In diesem letzten Punkt mag er sich wohl geirrt haben. Die Schneeauflage ändert sich bei felsigen Gipfeln nur wenig, bei Schneekuppen maximal um einige Meter. Die englische Nachmonsunexpedition, die 1975 über die Südwestwand den Everestgipfel erreichte, fand dort einen Metallmast und Sauerstoffflaschen der Chinesen, die diesen Gipfel 4 Monate vorher bestiegen hatten. In dieser Zeit, der Monsunzeit in Nepal, schneit es fast ununterbrochen an der Südabdachung des Himalaja.

Obwohl man seit einem Jahrhundert bereits Vermessungen durchgeführt hatte, die meisten Berggebiete aus Reiseberichten bekannt waren, fehlten noch die technischen Instrumente, um genaue Höhen festzustellen.

»Man muß damit rechnen, daß durch die über den Gletscherbecken ungleichmäßig verdünnte Luft ganz gewaltige Brechungen der Lichtstrahlen verursacht werden, die bei den großen Entfernungen und Höhen im Himalaja schon eine ganz bedeutende Rolle spielen.«

Man begann gerade in diesen Jahren, Alpenvereinsexpeditionen in die Anden, ins Pamirgebirge, in den Himalaja und das Karakorumgebirge zu entsenden, die neben alpinen Zielen, die sie verfolgten, genaue Karten aufnehmen sollten. Schneider und Finsterwalder haben sich große Verdienste um die Vermessungsarbeit im Himalaja erworben, nicht weniger Professor Oskar G. Dyhrenfurth, der alle wichtigen Himalaja- und Karakorum-Riesen skizzenhaft erfaßte, und Professor Diemberger, der das gleiche für das Hindukuschgebirge heute noch tut. Für uns Bergsteiger reichen heute Kammverlaufskizzen und Gipfelhöhen als Expeditionsgrundlage völlig aus. 1930 aber fehlten vielfach auch diese Skizzen noch. Ich zitiere Schroedter:

»Völlig im dunkeln tappt man auch über die Höhe der meisten übrigen Achttausender, ja sogar über ihre Anzahl! Man kennt rund ein Dutzend, von denen die bekanntesten neben den 3 schon erwähnten der Nanga Parbat mit rund 8120 m, der Dhaulagiri mit rund 8180 m und der Makalu mit 8470 m sind.

Rund 40 Gipfel in Zentralasien erheben sich über 7500 m und reichen zum Teil nahe an die Achttausendergrenze heran. Und nun höre man: Keiner der 40 bis 50 Berge über 7500 m, geschweige denn über 8000 m, wurde noch erstiegen! Wie wenig wurde trotz enormer Opfer, trotz beispiellos kühner Taten bis heute in diesen Gebirgen erreicht! Man höre weiter: Auch von den mindestens 100 Bergen über 7000 m (würde man wie in den Alpen die Gipfel zählen, käme wahrscheinlich ein halbes Tausend solcher Berge heraus) wurden erst 8 betreten.

Es ist dabei interessant, daß der erste dieser Berge schon 1865 fiel. W. L. Johnson, der der indischen Landesvermessung angehörte, bestieg in diesem Jahr in der Kuenlun-Gruppe 3 Gipfel, von denen einer, kurz E 61 benannt, trigonometrisch mit 7310 m bestimmt wurde. Obgleich Johnson ein ebenso unantastbar ehrenhafter wie

Lager am Fuße des K 2, 1909

tüchtiger Mann war, wurde die Besteigung viel angezweifelt, und man nahm – um Johnson nicht gerade einen Lügner zu heißen – an, der vermessene und der bestiegene Berg wären nicht identisch. Ein solcher Irrtum scheint aber bei Johnson, der als Vermesser und Bergsteiger gleich erfahren und tüchtig war, ausgeschlossen zu sein.

Ähnlich ging es dem famosen englischen Bergsteiger Dr. Graham, der 1883 mit den Schweizer Führern Emil Boß und Ulrich Kaufmann dem 7320 Meter hohen Kabrugipfel in der Kangchendzönga-Gruppe bis auf 30 Meter (!) nahe kam; auch seine Angabe wurde nicht geglaubt und mit einer Verwechslung der Gipfel entschuldigt. Erst als 1907 zwei junge Norweger, C. W. Rubenson und Monrad Aas, die Ersteigung wiederholten, wurde die Ehre Grahams gerettet.

Der nächste Gipfel über 7000 Meter, der von eines Menschen Fuß betreten wurde, liegt nicht in den Eisgebirgen Zentralasiens; es ist der Aconcagua, der höchste Gipfel des amerikanischen Kontinents.

Ehemals wurde der Aconcagua, der bekanntlich in den südlichen Anden thront, als der höchste Gipfel der Erde angesprochen. Schon zu Beginn der Bergsteigerei wurde er viel umworben. Unter anderen versuchte kein Geringerer als Güßfeldt schon 1883 den Anstieg; erst 1897 konnte der Monte-Rosa-Führer Matthias Zurbriggen den Sieg feiern. Im Alleingang war ihm die große Tat gelungen.

1907 konnte der große Himalaja-Erschließer Longstaff einen bedeutenden Gipfel melden; der 7130 Meter hohe Trisul war von ihm erstiegen worden.

Die Westwand des Gascherbrum IV (7925 m), ein verlockendes, aber ungeheuer schwieriges Ziel

Als der bedeutendste Himalaja-Mann ist unzweifelhaft Dr. Kellas anzusprechen, der auch der Anreger der englischen Everest-Expedition ist. Als Teilnehmer der ersten dieser Expeditionen (1921) wurde er von einem Herzschlag hinweggerafft, inmitten der Berge, denen er sein Leben gewidmet hatte. Dr. Kellas hatte einige Himalajagipfel, sogar als Alleingeher, bezwungen, darunter 1911 den 7070 Meter hohen Pawhunri, ferner den Kantschendschau und den Tschomi-umo.

Nun trat eine lange Pause ein, der Weltkrieg unterband alle Gedanken an Siebentausender Asiens, und das erste Nachkriegsjahrzehnt stand im Zeichen der erwähnten englischen Angriffe auf den Mount Everest.

Am Gipfel des Ruwenzori, 1906

Erst 1928 wurde der nächste bezwungene Gipfel über 7000 Meter gemeldet: der Pik Lenin (oder Pik Kaufmann), 7137 m hoch, im Transalai gelegen. Zum erstenmal sind es deutsche Bergsteiger, die einen solchen Erfolg erringen: Den Teilnehmern der vom Alpenverein finanzierten Bergsteigergruppe der deutsch-russischen Pamir-Expedition Eugen Allwein, Erwin Schneider und Karl Wien war der große Wurf gelungen.« Weitere deutsche Erfolge folgten:

»Es sind dies der vielgenannte Jongsong-Peak (7459 m hoch), den am 6. Juni 1930 Erwin Schneider und Hermann Hoerlin als erste Partie und am 9. Juni 1930 Ulrich Wieland, Prof. O. S. Dyhrenfurth, Smythe und Marcel Kurz (mit einigen Trägern) als zweite Partie betraten, und der Nepal-Peak (7150 m), den Erwin Schneider im Alleingang bezwang. Es fällt dabei die interessante Tatsache auf, daß nicht weniger als 3 der 8 bestiegenen Gipfel über 7000 Meter im Alleingang bezwungen wurden (Aconcagua, Pawhunri und Nepal-Peak) und daß an der Besteigung von 3 Siebentausendern Erwin Schneider beteiligt war (Pik Lenin, Jongsong-Peak und Nepal-Peak).«

Allein liege ich in einem winzigen Zelt und höre, wie die Träger draußen ihr Nachtlager bauen: mit einer Plane aus Plastik, Steinen und einigen krummen Hölzern, die sie eigentlich zum Kochen mitgetragen hatten. 10 Tage sind wir schon zu Fuß unterwegs, ein Dutzend Träger, ein Begleitoffizier und ich. Peter Habeler, mein Expeditionskamerad, ist vorausgegangen, um den Platz für ein Basislager zu finden. Es ist meine fünfzehnte Expedition, mühsam und ab und zu zum Verzweifeln. Heute abend habe ich nichts gegessen, weil es schneit und das Zelt zu eng ist, um drinnen zu kochen. Ich höre, wie sich die Träger draußen unter ihren Decken zusammenkauern. Dann ist es ganz still, und ich höre nur noch, wie der Schnee in regelmäßigen Abständen vom Zeltdach rutscht. Jetzt beginnt einer der Träger zu schnarchen. Ich höre lange zu, wie er schnarcht und andere flüstern, mit zittrigen Stimmen, weil es so eiskalt ist. Nun höre ich auf hinzuhören, wie die Träger schnarchen und sprechen oder sich zurechtrücken, wenn ihnen die Füße eingeschlafen sind.

Ich habe plötzlich etwas Neues, an das ich denken kann, und ich liege im Schlafsack und sehe all die Mädchen, die ich gekannt habe, und frage mich, was sie jetzt wohl machen werden. Es ist sehr interessant, sie alle vor mir zu sehen und darüber nachzudenken, und eine Zeitlang verdrängen sie die täglichen Schwierigkeiten mit den Trägern und dem endlosen Baltoro-Gletscher, auf dem ich gerade lagere. Bald aber komme ich mit meinen Gedanken doch wieder zum Lagerplatz und den Karakorum-Bergen zurück, und ich merke, daß ich mich deutlich an jeden Gipfel erinnern kann, auch an all die anderen, die ich in Südamerika, Afrika, Neuguinea und im Himalaja gesehen habe. Immer war irgend etwas Neues, Aufregendes an ihnen, während die Mädchen, wenn ich sie in meiner Erinnerung vorbeimarschieren lasse, verschwimmen. Ich kann mich an ihre Gesichter im einzelnen kaum noch erinnern.

GROSSUNTERNEHMUNGEN – VERSUCHE

Seit Peary 1909 den Nordpol erreicht hatte und Amundsen 1911 den Südpol, blieb die Eroberung der Achttausendergipfel das große Ziel der damaligen Abenteurer. Es traten nun in erster Linie Bergsteiger und Forscher auf den Plan, die eine Gruppe von Gleichgesinnten um sich scharten, monatelang Geld sammelten und dann aufbrachen, zum Everest, zum Kangchendzönga, zum Nanga Parbat und K 2.

Bei der Erkundungsfahrt 1921 am Everest waren die Geldmittel durch Sammlungen der Geographischen Gesellschaft, des Alpine Club sowie durch einige Stiftungen zusammengekommen. Als Leiter der Expedition wurde Oberst C. K. Howard Bury gewählt, der bei ausgedehnten Jagdfahrten im Himalaja die Völker Asiens und deren Eigenarten kennengelernt hatte und gut mit den Einheimischen umzugehen verstand. Obwohl die Anmarschwege damals noch länger waren als heute, ernstliche Schwierigkeiten bedeuteten sie kaum, da die Expeditionen im Lande intensiv unterstützt wurden. Der Geleitbrief, den Burys Erkundungsfahrt zum Everest vom Dalai-Lama in Lhasa erhalten hatte, garantierte jede Unterstützung auf dem langen Marsch über Sikkim und das tibetische Hochland.

> »An die Djongpens und Hauptleute von Phardjong, Ting-ke, Khamba und Kharta.
>
> Lasset es Euch gesagt sein, daß eine Gesellschaft von Sahibs kommt, die den Tschomolungma-Berg sehen wollen. Diese Herren werden zu allen Tibetanern sehr

freundlich sein. Auf Ersuchen des Hohen Ministers Bell wird hiermit ein Geleitbrief erlassen, der Euch und alle anderen Beamten und Untertanen der Regierung von Tibet auffordert, Beförderungsgelegenheit zu schaffen, seien es Reitpferde, Lasttiere oder Träger, je nachdem, was die Sahibs gerade brauchen. Die Bezahlung soll durch gütliches Übereinkommen geordnet werden. Sonstige Hilfe, welche die Sahibs verlangen, bei Tag oder bei Nacht, unterwegs oder am Ruheplatze, muß ihnen treulich gewährt werden, und allen ihren Erfordernissen in bezug auf Beförderung oder was es sonst sei, ist ungesäumt Aufmerksamkeit zu schenken. Alle Leute in den Gegenden, welche die Sahibs besuchen, sollen nach bestem Können hilfreich zur Hand sein, damit zwischen der Britischen und der Tibetischen Regierung fernerhin freundschaftliche Beziehungen bestehen bleiben.
Erlassen im Jahre des eisernen Vogels.
Siegel des Ersten Ministers.«

Mit diesem Schreiben gelangten die Engländer bis in ihr Standlager im Rongbuktal. Es galt jetzt, einen Weg, eine mögliche Aufstiegsroute zum Everest zu finden. »Die Nordwestkante erscheint mir unersteigbar. Da kommt keiner hoch, sie ist zu steil. Derartige bergsteigerische Schwierigkeiten kann man vielleicht in den Alpen überwinden, aber nicht hier.« »Die Nordostkante dagegen scheint keine allzu großen Hindernisse zu bieten, da können wir schon rauf.« »Aber wie kommen wir erst einmal an die Nordostkante?«

Diese Diskussion zeigt deutlich, mit welchen Fragen sich diese erste Everest-Expedition beschäftigte. Daß sehr viel bergsteigerische Erfahrung notwendig gewesen wäre, um vom Tal aus bereits eine sichere und mögliche Anstiegsroute erkennen zu können, und weniger eine generalstabsmäßige Führung am Berg, konnten die Pioniere damals noch nicht übersehen. Sowohl General Bruce als auch sein Adjutant Oberst Norton, die die Expedition 1924 zum Everest leiteten, operierten vielfach militärisch, ähnlich wie Paul Bauer, der 1929 zum Kangchendzönga aufbrach. »Es ist mir klargeworden, daß wir in den Himalaja müssen«, schrieb der Notar Bauer, der 1928 Auslandserfahrung im Kaukasus gesammelt hatte, an seine Freunde. Als Bauer mit seiner Mannschaft am Nordostsporn gescheitert war, sah Professor Dr. Günter Oskar Dyhrenfurth die Möglichkeit, endlich seinen großen Traum zu verwirklichen. »Mein ganzes Leben als Wissenschaftler, Bergsteiger, Schriftsteller, Redner und Lichtbildner war dem Hochgebirge gewidmet. Alles, alles war nur Vorbereitung für das eine Ziel, für Himatschal, den mächtigsten Bergwall der Erde, mit der vielzackigen Gipfelkrone, die weithin leuchtet über die glutheiße Ebene Bengalens.« All diesen Leitern, die im Grunde Wissenschaftler oder Militaristen waren, fehlten die bergsteigerischen Voraussetzungen für einen Erfolg an einem Achttausender. Welzenbach, der 1934 unter der Leitung seines Bergfreundes Merkl zum Nanga Parbat aufbrach, hatte die nötigen Erfahrungen in Fels und Eis, auch wenn ihm jede Höhenerfahrung gefehlt hatte. Diese Expedition kam dem Gipfel sehr nahe und hätte ihn erreichen können, wenn nicht das Gros der Mannschaft gleichzeitig nach ihm gegriffen hätte. Hätten diese Männer auf den Rat ihres Expeditionsarztes Bernard gehört – »Bitte versprecht mir, daß ihr beim Aufstieg nie weitergeht, als ihr bestimmt auch wieder zurückgehen könnt. Gerade in dieser Höhe verliert man leicht den Maßstab für die eigenen Kräfte« –, so wäre die Katastrophe zu ver-

Aufstieg des Herzogs der Abruzzen in den Eisbrüchen der Chogolisa im Karakorum, 1909

meiden gewesen. Die damaligen Expeditionen wurden weniger durch derartige bergsteigerische Grundregeln geprägt als vielmehr vom pathetischen Ethos der nachviktorianisch-nachwilhelminischen Ära. Die rührende Romantik des späten 18. Jahrhunderts hatte sich durch Prüderie und Untertanentum in pseudoromantisches Heldentum verwandelt:

»Rein gleißen und glänzen seit Tagen wieder die Zinnen des Nanga Parbat, dumpf rollen wie immer die Stein- und Eislawinen von seinen Flanken. Du hast uns diesmal geschlagen, aber gebrochen hast du uns nicht! Wir sind bereit, wiederzukehren, und wir zweifeln nicht, daß der Geist unserer Toten wieder Deutsche hierher und dann zum Siege führen wird«, sagte Finsterwalder 1934 am Grabe Drexels. Und Bechtold schrieb: »Als wir hier noch einmal zum Nanga, zum leuchtenden Gipfelgrat hinaufschauen, löst sich in unseren Herzen alles Hadern mit dem Schicksal, und wir erkennen: Schön muß es sein, mit dem Siegespreis dieses gewaltigen Berges nach Hause zu kehren, größer noch ist es, sein Leben hinzugeben um solch ein Ziel, den jungen Herzen kommender Kämpfer Weg und Flamme zu werden.«

Der zähe Wahlamerikaner Fritz Wiessner, der 1939 auf derselben Route, an der sein Landsmann Charles Houston 1938 gescheitert war, den K 2 angriff, war weniger von diesen Strömungen getragen. Er blieb aber am Schluß des Unternehmens mit dem Hochträger Pasang Lama allein und so dem Berg gegenüber zu schwach. Auch er war, wie alle großen Expeditionen zwischen den beiden Weltkriegen, gescheitert, gescheitert trotz Heldenmut und Eroberungsdenken. Es berührt mich sehr, wenn ich in der Fülle der Literatur aus dieser Expeditionsepoche die aufrichtigen Worte Nortons zum Scheitern an der Gipfelpyramide des Everest 1924 lese: »Soll ich hier berichten, daß ich ob dieser Umkehr vor dem Ziele große

Bitterkeit empfand? Ich bekenne, daß mein Inneres nicht stürmisch erregt war. Zweimal habe ich an einem günstigen Tage umkehren müssen; keinmal krampfte sich meine Seele zusammen. In der Höhe verlaufen die geistigen Erregungen sehr sanft. Sobald man den Fuß talwärts richtet, überwiegt das Gefühl der Erleichterung nach der gewaltigen Anspannung, die jeder Schritt aufwärts erfordert.«

SYMBOLE DES UNMÖGLICHEN

Bis vor wenigen Jahren hat es sie noch gegeben – die »Symbole des Unmöglichen«. Vor 100 Jahren gehörte der südliche der 3 Vajolettürme dazu, vor 80 Jahren die Guglia di Brenta, vor 30 Jahren waren es der Cerro Torre in Patagonien und der Mustagh Tower im Karakorum. Inzwischen sind sie alle verschwunden, die Gipfel bestiegen. Wenn auch der Trango-Turm öfters vergeblich versucht worden ist, er ist im Sommer 1976 bestiegen worden. Es gibt heute keinen unmöglichen Berg mehr, wenn auch das Unmögliche schlechthin für alle sportlichen Bergsteiger geblieben ist und einen Teil jener Faszination ausmacht, die Jahr für Jahr Hunderte in die Weltberge lockt.

Allein bezwang im Jahre 1887 der siebzehnjährige Georg Winkler den kühnen Turm in der Rosengartengruppe, der heute seinen Namen trägt. Mit der Erstbegehung der Guglia di Brenta setzten Otto Ampferer und Carl Berger 1899 den Schlußstrich unter den Eroberungsalpinismus in den Alpen. Näherungsweise die gleiche Bedeutung für den Andinismus, wie die Südamerikaner ihr Bergsteigen gerne nennen, hat die Erstbesteigung des Cerro Torre für die Bergwelt Amerikas. Gut 2 Jahre zuvor war den Engländern Joe Brown und Jan McNaught-Davis die Erkletterung eines damals »unmöglichen« Berges gelungen. 1956, also fast ein Jahrhundert nach dem dramatischen Kampf um die Erstbesteigung des Matterhorns, spielte sich am Mustagh-Turm im Baltoro-Gebiet ein ähnlicher Wettstreit um diesen 7280 m hohen Gipfel ab. Am 6. und 7. Juli 1958 erreichten die Seilschaften Brown/Mc-Naught-Davis und Hartog/Patey über den Westnordwestgrat den Gipfel. Wenige Tage später standen die Franzosen Contamine, Keller, Magnone und Paragot an der gleichen Stelle, nachdem sie den Turm von der entgegengesetzten Seite, dem noch schwierigeren Südostgrat, bestiegen hatten.

Noch schwieriger als der Cerro Torre oder der Mustagh Tower dürfte der Trango-Turm sein, auch wenn er nicht so sehr im Schlechtwettereinfluß steht wie der erste und nicht so hoch ist wie der zweite. Im Sommer 1975 hat Joe Brown eine kleine Gruppe von englischen Spitzenbergsteigern ins Karakorum geführt, um diese Granitsäule, die aussieht wie eine riesenhafte Guglia di Brenta, 6268 m hoch ist und deren Normalweg schwieriger ist als der Bonatti-Pfeiler an den Drus, zu stürmen. Martin Boyson, der ein Jahr vorher am kaum weniger schwierigen Torre Egger in Patagonien gescheitert war, führte die Gipfelseilschaft an, als er 200 Meter unter dem höchsten Punkt buchstäblich steckenblieb. Er hatte sich ein Bein in einem engen Riß so verklemmt, daß er sich nicht mehr befreien konnte. Volle 2 Stunden zerrte Boysen an seinem Bein, wand er sich, versuchte er zu entkommen. Schließlich schnitt er mit einem Messerhaken den Stoff seiner Hose in Stücke und war befreit. – Zuviel Zeit war verloren, sie kehrten um. Ein Jahr später kehrten die Engländer zu diesem schmalen Granitturm zurück – und es gelang.

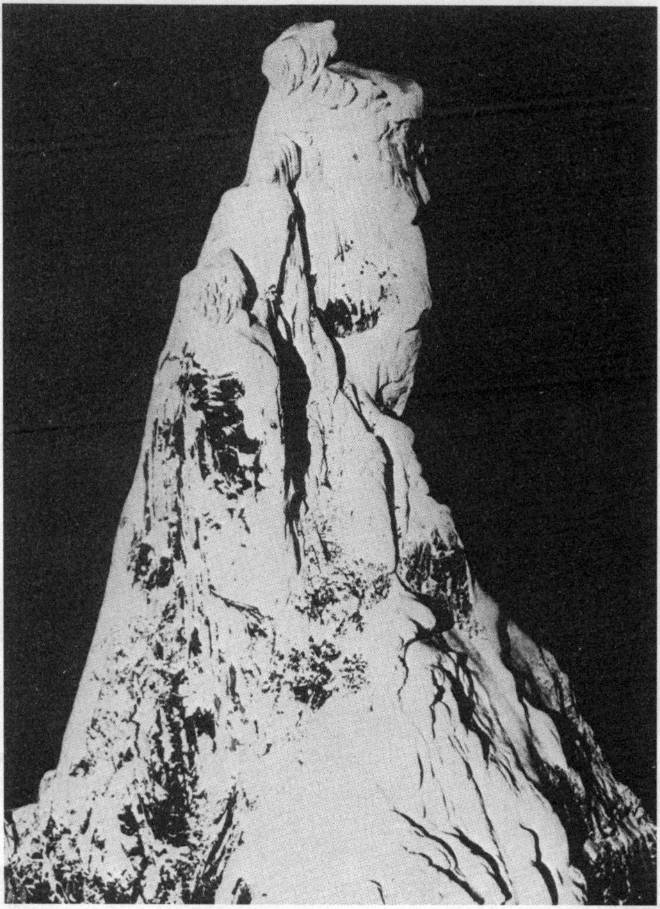

Cerro Torre in Patagonien

Der Mustagh-Turm im Karakorum, 7280 m (Seite 54)

Expeditionen – heute

Und so wird die Herausforderung des Everest bestehenbleiben, nicht nur die, eine Besteigung über die Südwestwand zu wagen, sondern auch jene, die wohlbekannte Route über den South Col auf den Gipfel zu wiederholen . . . Fragt alle Bergsteiger, ob sie Lust hätten, den Everest zu besteigen. Die Antwort hieße ziemlich sicher ›ja‹, und dies aus einer ganzen Reihe von Gründen: sei es, um begonnene Versuche zu beenden; um die ideale Kombination herauszufinden, Erfolg bei diesen immensen logischen Problemen in Verbindung mit anspruchsvoller Kletterei zu haben; um Körperkraft und Willensstärke bis an die äußerste Grenze zu belasten; um die Anerkennung der Kameraden zu erringen – eine Eitelkeit, um derentwillen so ziemlich alle von uns zu einigem bereit wären. Aber vielleicht ist der wichtigste aller Gründe der, nach mühseligem Vorwärtsgekrieche von immer größeren Höhen den Blick auf andere Berge schweifen zu lassen und schließlich, wenn man Glück hat, den Gipfel zu erreichen und den überwältigenden Moment zu genießen, wenn der Berg unter einem an allen Seiten in die Tiefe abfällt – und wenn man auf dem höchsten Punkt der Erde steht.

Chris Bonington, »Everest South West Face«

Lawine in der Mustagh-Mulde, Karakorum

LAWINEN AM LHOTSE

Plötzlich – ich saß im Schlafsack – wußte ich, was vor sich ging. Ich hatte vorher tief geschlafen und jetzt Mühe, nicht zu ersticken. Instinktiv machte ich Schwimmbewegungen mit den Armen und versuchte, gleichmäßig zu atmen. Der Luftdruck der Lawine hatte das Zelt über mir mitgerissen, und nun flogen mir Schneestücke und Ausrüstungsgegenstände um die Ohren, feinster Schneestaub drang durch den Pullover, durchs Hemd, die Haare bis auf die Haut. Nach etwa zehn Minuten war der Spuk vorbei. Meine Hoffnungen, daß sich die Lawine nicht bis zum Basislager selbst ergießen könnte, daß es allein der Luftdruck war, der uns mitten in der Nacht im Basislager überrascht hatte, hatten sich erfüllt. Ich stand auf, barfuß und in der Unterhose, zerrte den Schlafsack aus den festgepreßten Schneemassen und machte mich auf die Suche nach einem anderen Zelt.

Es waren nur einige Teilnehmer im Basislager, die anderen in der Wand. Die Müdigkeit – ich hatte am Tag vorher Lager II aufgebaut – war jetzt vorbei. Ich stapfte im Schnee herum, merkte aber erst nach 5 Minuten, daß ich nicht bergab, sondern bergauf gegangen war und so wohl nie zu den Kameraden kommen konnte. In der Lawine hatte ich die Orientierung verloren und konnte sie erst dann wiedergewinnen, als weit unten plötzlich ein Licht aufflammte. Das mußten die anderen sein! Die Zelte waren teilweise eingedrückt, einige zerrissen, aber nur das meine war vollkommen weg, einfach nicht mehr da. Bei Mario Conti fand ich Unterschlupf, schlief trotz des Schreckens dieser Nacht sehr tief und träumte dabei, daß ich schwimmen lernte.

Um 6 Uhr morgens – wir waren beide wach – hörten wir ein kurzes, helles Krachen in der Wand, wenig später einen dumpfen Schlag, der den ganzen Talkessel zu erschüttern schien, und ich sagte scherzhaft zu Mario: »Das ist die nächste!«

Mario hatte gerade noch Zeit, seinen Kopf wieder aus dem Zelteingang zurückzuziehen, nicht aber, mir das Kommende zu schildern. In seinen großen Augen jedoch lag ein Schreck, wie ich ihn vorher nie gesehen hatte.

In diesem Augenblick flogen bereits Zeltstangen um unsere Köpfe, es pfiff, brauste, und der Schneestaub kam mit einem derartigen Druck, daß er all die Habseligkeiten, die im Zelt gelegen hatten, mit sich trug: Kameras, Expeditionskisten, Daunenjacken, Bücher ... Wieder saß ich im Schlafsack, Mario hinter mir, beide um Luft ringend, beide Schwimmbewegungen ausführend wie bei einer Pantomime. Diese Lawine war zwar stärker als die vorhergegangene, aber ich war gefaßter.

Als der Luftdruck nachließ, der Schneestaub langsam absackte, Mario und ich uns die Schneekrusten aus dem Gesicht gepflückt hatten, sahen wir uns um: Da stand kein Zelt mehr, die Ausrüstungsdepots waren vom Erdboden verschwunden und die Küchen zu einem großen Steinhaufen zusammengeschoben. Verzweifelt suchten wir nach unseren Hosen und Anoraks, nach Schuhen und Strümpfen, nach irgend etwas Anziehbarem.

Da bewegte sich plötzlich eines der Zelte. Es war das Zelt von Riccardo Cassin, unserem Expeditionsleiter, das jetzt geisterhaft größer und größer wurde und aus dessen Hüllen sich nun der 66jährige Cassin herausschälte. Er hatte so viele Kleidungsstücke im Zelt, daß auch wir uns etwas überziehen konnten, um nach den anderen zu suchen.

Einige Sherpas hatten sich schon selbst befreit, und gemeinsam mit uns schaufelten sie jetzt die anderen frei. Einige lagen unter Expeditionskisten, 4 von ihnen hatte es 20 Meter das Tal hinuntergeschleudert und dort begraben, der Begleitoffizier konnte im letzten Moment vor dem Erstickungstod gerettet werden.

Inzwischen waren auch die 2 fehlenden Sahibs aus ihrem zerquetschten Zelt an die Oberfläche gekrochen, einer der Sherpas kochte bereits Tee, und Riccardo Cassin gab über Funk an alle Hochlager den Befehl, sofort abzusteigen.

Wir mußten unsere Lage neu überlegen. Wir hatten in den beiden Lawinen mindestens 10 Zelte und die Hälfte der übrigen Ausrüstung eingebüßt, wir würden wenigstens 10 Tage brauchen, um das Hauptlager zu verlegen und die noch brauchbaren Stücke, die in einem Umkreis von 3 Kilometern verstreut waren, wieder zusammenzutragen. Nach einer demokratischen Abstimmung entschlossen wir uns, zu bleiben.

Während ich etwa 10 Tage später wieder aufstieg, um das dritte Hochlager zu errichten, schätzte ich die Masse, die damals aus 6500 m abgebrochen war, auf eine Million Kubikmeter. Es hatte allein der Luftdruck dieser Lawine genügt, um unser Basislager vollkommen zu zerstören.

DAS BASISLAGER – EIN BAUERNHOF

Wir waren ein Dutzend Bergsteiger, 1974 im Basislager am Makalu. Wir hatten uns beim Anmarsch nicht nur mit Kartoffeln, Getreide und frischem Fleisch eingedeckt, sondern auch mehrere Ziegen, ein Schaf, ein halbes Dut-

Lager des Herzogs der Abruzzen am Agassiz-Gletscher in Alaska, 1897

zend Hühner, 2 kleine Hunde und nicht zuletzt ein Schwein eingehandelt. Nun hausten wir da oben in 5100 m Meereshöhe, am letzten grünen Fleck unter den Gletschern, und alle Tiere hatten ihren Stall. Für Ziegen, Schaf und Schwein hatten wir aus Steinen und Holz einen Unterstand gebaut, die Hühner hockten nachts in der Expeditionsküche, und die Hunde schliefen abwechslungsweise in den Schlafsäcken der Expeditionsteilnehmer, sozusagen als Wärmflasche. Sie hießen Yak und Yeti. Yeti hatten wir beim Anmarsch in einem armen Bauernhaus für einige Rupien gekauft, Yak, schwarz und schon etwas größer, war uns zugelaufen. Die beiden Hunde waren eine Quelle endloser Unterhaltung, und jeder hatte sie gern. Sie hingen so an uns, daß sie einmal sogar bis ins Lager I, 6000 m hoch gelegen, mitkletterten und nachts dann dort oben die Schlafsäcke wärmten. Am nächsten Tag wollten sie ins Lager II aufsteigen, und wir hatten unsere liebe Not, sie wieder ins Basislager zu bringen, teilweise steckten wir sie dabei in Rucksäcke, teilweise mußten wir sie abseilen.

Im Basislager gab es spärlich, aber frische Eier, immer dann, wenn eines unserer Haustiere geschlachtet wurde, frisches Fleisch. Das Schwein war für das Siegesmahl vorbehalten. Da es aber dazu nicht kommen sollte, wollten wir es trotzdem schlachten, sozusagen als Trostspeise. Dabei stellte sich heraus, daß das Schwein bestens akklimatisiert war und eine bessere Kondition hatte als wir. Stundenlang waren wir hinter ihm her, mit allen Tricks versuchten wir, unterstützt von den Sherpas, es irgendwo in die Enge zu treiben. Es entkam uns immer wieder. Abends und bei Schneetreiben dann beendete ein wohlgezielter Hieb mit dem Kukari seine sportliche Laufbahn.

Die Hunde haben wir wieder ins Tal mitgenommen. Yak ist uns dort entlaufen, spontan, wie er 2 Monate zuvor bei uns aufgetaucht war. Yeti haben wir in Kathmandu unserem Hotelier geschenkt, und wir besuchen ihn ab und zu, wenn sich einer von uns dort aufhält.

DIE GROSSEN WÄNDE

Nachdem alle Achttausender über ihre Normalwege erstmals erstiegen waren, schien es, als wäre die Faszination des Himalaja-Bergsteigens verblaßt. Die Öffentlichkeit hat nicht mehr, wie bei der Erstbesteigung des Mount

Everest oder des Nanga Parbat, mitgebangt und mitgelitten, wenn eine Expedition in den Himalaja aufbrach, um dort einen Siebentausender oder eine schwierige Route auf einen Achttausender zu erklettern. Für uns Bergsteiger aber ist heute die Herausforderung der größten Wände der Welt ebenso groß, wie es für die Pioniere die unerreichten Achttausendergipfel schlechthin gewesen sind.

Als junger Kletterer haben mich die Berichte der Achttausenderleute wenig begeistert. Was ich mit 18 und 20 Jahren suchte, waren in erster Linie die Schwierigkeiten, und diese fand ich vorwiegend in steilen Dolomitenwänden, an der Nordwand der Grandes Jorasses und in den Plattenfluchten der nördlichen Kalkalpen. Was mich aber mehr begeisterte als alles andere, waren die großen Wände der Welt. Mit Spannung hatte ich alle Versuche an der Südwand des Nanga Parbat verfolgt und die Einladung zur »Sigi-Löw-Gedächtnisexpedition« 1970 mit Freuden angenommen. Jetzt ging es nicht mehr allein um den Nanga-Parbat-Gipfel, jetzt ging es um seine größte Wand, um riesige Ausmaße und Schwierigkeiten, wie ich sie in den Alpen gesucht hatte.

Ich finde die gegenwärtige Epoche des Bergsteigens die interessanteste, auch wenn sie nicht im Brennpunkt steht wie die großen Ereignisse vor 100, 50 und 20 Jahren: die Erstbesteigung des Matterhorns, die erste Durchsteigung der Eiger-Nordwand und der erste Achttausender. Der sportliche Schwierigkeitsalpinismus findet an den großen Wänden der Anden und des Himalaja sein weitestes Betätigungsfeld, und der Scheitelpunkt wird erst nach Generationen erreicht werden. Das logische Ziel, die schwierigsten Wände auf alle hohen Berge zu durchstei-

Die Gipfelzone der Makalu-Südwand, 8481 m

gen, ist bisher nur von einem winzigen Kreis von Bergsteigern angestrebt worden. Für die nächste Generation von Kletterern werden die Wände der Playground schlechthin sein.

Ich meine dabei auch die steilen Flanken auf die Sechstausender, die bis heute als lohnende Ziele eigentlich noch gar nicht entdeckt worden sind. Man spricht in diesen Jahren in Fachkreisen viel von den Achttausenderwänden, und es ist noch ein gutes Dutzend von solchen logischen Routen möglich, wie sie die Südwand am Makalu, die Südwestwand des Everest, die Südwand der Annapurna oder auch die Rupalwand darstellen. Neben diesen offenen Problemen aber – ich denke hier an die Südwand des Dhaulagiri, die West- und Ostwand des Manaslu, die großen Pfeiler am K 2, den Südpfeiler des Cho Oyu und natürlich immer noch die Südwand des Lhotse – bleiben ungezählte Wände auf die Sechs- und Siebentausender in Amerika und Asien, die alles, was es in den Alpen an großen Wänden gibt, in jeder Hinsicht übertreffen.

Vielleicht haben viele junge Kletterer bisher deshalb keine diesbezüglichen Initiativen ergriffen, weil sie immer an »Expedition« dachten und damit an eine riesige Organisation, an unerschwingliche Geldmittel, an unerreichbare Gebirge. Wenn sie wüßten, daß es heute nicht schwieriger ist, in den Himalaja zu gelangen, als es vor einem Vierteljahrhundert noch war, in die Westalpen zu fahren, daß eine große Flanke in den Weltbergen bei der nötigen Vorbereitung auch in Zweierseilschaft möglich ist und daß eine solche Expedition, abgesehen von Flug- und Genehmigungsgebühr, nicht mehr kostet als eine entsprechend lange Westalpenfahrt, dann hätte der Run auf die großen Wände schon begonnen.

Er wird beginnen.

DIE LEITUNG UND IHRE VERTRÄGE

Nicht nur in der Zwischenkriegszeit, auch im Jahrzehnt der großen Erfolge in den Weltbergen sind Expeditionen vielfach von Nichtbergsteigern geleitet worden. Dies ging gut, solange sich ein solcher Leiter ausschließlich auf die Geldbeschaffung und Organisation des Unternehmens beschränkte, die Besteigung an und für sich aber nicht zu beeinflussen suchte. Expeditionsverträge, die die Teilnehmer einerseits zum absoluten Gehorsam verdammten, andererseits eine freie Auswertung verboten, waren oft der Grund für Streitigkeiten während oder nach den Expeditionen.

Soweit sich das veraltete System mit Expeditionsvertrag und Organisator bis in unsere Tage herübergerettet hat, ist ein spielerisch-sportliches Expeditionsbergsteigen undenkbar. Da aber für die Öffentlichkeit nichts mehr zu erforschen ist, nichts zu erobern und nichts zu entdekken, ist allein diese Art des Alpinismus noch sinnvoll.

EIN ACHTTAUSENDER ZU ZWEIT

Ein Achttausender zu zweit, über eine schwierige Wand, ohne künstlichen Sauerstoff, ohne Fixseile, ohne Hochträger, ohne Kontakt zur Außenwelt, ohne Hochlager ... das war schon lange mein Traum. Ein Traum, der 3

Jahre lang daran zerbrach, daß weder die Regierung von Nepal noch die von Pakistan eine Genehmigung für ein solches Unternehmen geben wollten. Die einen redeten sich auf die erhöhten Gefahren aus, die mit einer solchen Mini-Expedition verbunden wären, die anderen sprachen von den geringen Devisen, die ein Zweimannteam ins Land brächte. Im Mai 1975 hielt ich dann endlich eine solche Genehmigung in der Hand:

Hidden Peak, 8068 m (Gasherbrum I), Karakorum. Route: Rawalpindi-Skardu (Flug), Shigar, Askole, Bardumal, Baltoro Glacier, South Gasherbrum Glacier, Hidden Peak.

Sie kam etwas spät und überraschte. Meine Frau hatte mir die Papiere nach Nepal gebracht, und nun saßen wir in Dingboche und diskutierten darüber, ob ich zugreifen sollte oder nicht. Seit 3 Monaten war ich im Himalaja und die Lhotse-Expedition war noch nicht abgeschlossen.

Es stand zwar fest, daß es für einen Schlußangriff in der äußerst schwierigen Lhotse-Südwand zu spät war, aber es galt noch, die Hochlager abzubauen und den Rückmarsch ins Tal zu organisieren.

Einen Monat später erst starteten wir von Kathmandu aus in Richtung Italien, wo wir Anfang März aufgebrochen waren. Wieder einmal hatte ich das Gefühl, daß wir nicht zuletzt an der Schwerfälligkeit eines Großunternehmens gescheitert waren und daß 2 Spitzenbergsteiger bei gleichen Verhältnissen wenigstens gleich weit gekommen wären.

In die Heimat zurückgekehrt, versuchte ich mit dem Zillertaler Peter Habeler, mit dem ich seit unserer Zehnstundendurchsteigung der Eiger-Nordwand einen »Achttausender zu zweit« geplant hatte, Kontakt aufzunehmen. Vergebens. Peter, Ausbildungschef der österreichischen Bergführer, war auf Kurs und telefonisch nicht erreichbar.

Damit war der Hidden Peak für mich für dieses Jahr abgeschrieben. Ich war müde, seit 4 Monaten ohne Verdienst, und zudem plagten mich Gewissensbisse, da ich meine Frau so lang allein gelassen hatte. »Ich bleibe da«, sagte ich ihr eines Abends im Juni, und wir sprachen vom angebrochenen Sommer.

Zwei Tage später meldete sich Habeler am Telefon: »Bin jederzeit startbereit und in Form wie noch nie in meinem Leben.« Nun war ich hin- und hergerissen, verzweifelt und glücklich zugleich. Aber, war es nicht schon zu spät, hatte ich nicht versprochen, daheim zu bleiben, wo war meine Müdigkeit vom Lhotse? Ein Achttausender zu zweit, das war schon lange mein Traum.

In den ersten Julitagen saßen Peter Habeler und ich in der Maschine nach Pakistan. In knapp 10 Tagen hatten wir eine Expedition auf die Beine gestellt, eine winzige zwar, eine Expedition allerdings, in der kein Streichholz fehlen, aber auch keines zuviel sein durfte. Mit 100 kg Expeditionsgepäck – darunter eine 16-mm-Kamera und 40 Kassetten – waren wir in München abgeflogen, und mit 200 kg – wir hatten in Rawalpindi Nahrungsmittel und Benzin gekauft – gingen wir am 13. Juli auf den langen und gefährlichen Marsch, der uns in 12 Tagen zum Basislager bringen sollte. Wir hatten 12 einheimische Träger angeheuert, die außer einer Expeditionskiste ihr eigenes Essen schleppten: Mehl, Tee und etwas Zucker. Der Anmarsch über Askole und den mehr als 50 Kilometer langen Baltoro-Gletscher ist der gefährlichste, den ich kenne. Es gilt, steinschlaggefährliche Schluchtwände zu queren, unmittelbar über dem reißenden Braldofluß zu klettern und eisige Wasserläufe zu passieren. Dutzende, Tag für Tag. Der Baltoro – ein Meer von Steinen – verzeiht keinen Fehler: Es gibt dort kein Holz, keinen Weg, keine geschützten Lagerstellen. Wie riesige Wellen liegen die Schutthalden in der sengenden Sonne. Links und rechts steigen 2000 m hohe Granitwände in die Höhe, und weit drinnen stehen, alles andere überragend, der K 2, der Broad Peak, der Gasherbrum IV. Ab Concordia schneite es. Nebel verhüllten die Berge, und es war nicht einfach, die Orientierung zu halten. Schwieriger noch war es, die Träger zum Weitergehen zu bewegen.

Am 26. Juli stand unser winziges Basislager am Fuß des Hidden Peak. Die Kulis waren ins Tal zurückgekehrt, nun waren wir allein, auf uns gestellt, von niemandem mehr abhängig. In der Nähe lagerten zwar Polen, die sich seit zwei Monaten am Gasherbrum III versuchten, und weiter oben Österreicher unter der Leitung von Hans Schell, die den Hidden Peak von Süden angehen wollten, über den Normalweg, über den ihn die Amerikaner Kaufmann und Schoenig 1958 erstmals bestiegen hatten.

Diese beiden Expeditionen kreuzten sich nicht mit der unseren, da wir uns vorgenommen hatten, den Hidden Peak über seine unberührte und äußerst schwierige Nordwestwand zu erklettern.

In den letzten Julitagen brachen wir zur ersten Erkundung auf. Wir durchstiegen zwei Eisbrüche am Fuß der Westwand, erreichten das Gasherbrum-Tal, das den G I vom G II trennt, und biwakierten dort. Die Nordwestwand des Hidden Peak sah steiler aus, als wir erwartet hatten, und wir beschlossen, in einem zweiten Versuch ein Stück hinaufzuklettern und die Verhältnisse zu studieren, das Eis, die Beschaffenheit der Felsen, Steinschlagrinnen. Ins Basislager zurückgekehrt, meldeten wir uns bei unserem obligaten Begleitoffizier, der bei den Polen Unterschlupf gefunden hatte. Er war glücklich, uns wieder am Wandfuß zu wissen, da das Wetter sich verschlechterte. Um Gewicht zu sparen, wollten wir auch auf Funkgeräte verzichten, und so gab es während der Erkundungs- und Klettertage keinerlei Kontakt zwischen uns und der Außenwelt.

Das Wetter, das sich in regelmäßigem Rhythmus – 3 Tage schlecht, 3 Tage gut – zu wiederholen schien, glaubten wir nun zu kennen, und wir wollten unser Tun danach richten. Anfang August starteten wir zu unserem zweiten Erkundungsvorstoß. Nach einem Biwak in 5900 m durchquerten wir am nächsten Morgen das Gasherbrum-Tal und kletterten bis 6500 m.

Das Eis war blank, doch weich genug, so daß die Frontalzacken gut griffen. Die Felsen, die wir im Abstieg kletterten, um zum Gasherbrum La zu gelangen, waren

Im Basislager

äußerst brüchig. Das gab uns einen Vorgeschmack von dem, was uns beim Gipfelsturm erwartete.

Am Gasherbrum La ließen wir in einem Depot einen Teil unserer Ausrüstung und Nahrungsmittel zurück und stiegen ins Basislager ab. Wieder wurde das Wetter schlecht, wieder gab es am Berg Neuschnee, wieder konnten wir in Ruhe rasten. Durch den langen Anmarsch und die beiden Erkundungen akklimatisiert, hofften wir, bei der nächsten Schönwetterperiode einen ersten Gipfelangriff starten zu können.

Wir packten die Rucksäcke öfter, maßen und wogen. Einige Kilogramm zuviel konnten uns um den Erfolg bringen, ein Haken zuwenig auch.

Am 8. August endlich schien uns das Wetter sicher genug. Wir stiegen bis über den zweiten Eisbruch und biwakierten dort. Am 9. August kletterten wir bis zum Depot am Gasherbrum La, packten die Rucksäcke um und stiegen weiter: über steiles Eis – 60° –, vereiste Felsen, enge Rinnen ... immer aufwärts, Schritt für Schritt, Rastpause um Rastpause. Wir wollten so hoch steigen wie möglich, dort unser Biwakzelt aufbauen und am anderen Morgen den Gipfel angreifen.

Wir kletterten jetzt ohne Sicherung. Mit Seil, Standhaken, Zwischenhaken hätten wir eine Woche für diese 2000 m hohe Steilwand gebraucht. Jeder kletterte für sich, konzentriert auf die vordersten Spitzen der Zwölferzacken, die Hände, den Pickel, das Gleichgewicht. Nur das grenzenlose Vertrauen, das wir ineinander setzten, erlaubte uns diesen Stil. Wir würden auch die Matterhorn-Nordwand so klettern, ohne auch nur einen Augenblick für den anderen zu fürchten, und hier war es wie in der Matterhorn-Nordwand, nicht schwieriger, aber auch nicht leichter.

Wir waren müde, unendlich müde, als wir am frühen Nachmittag knapp unter der »Sichel« einen günstigen Biwakplatz fanden. Wir hatten zwischen dem »weißen« und dem »schwarzen Turm« – eine Stelle, die uns beim Studium von unten viel Kopfzerbrechen bereitet hatte – einen Durchschlupf gefunden, einen mit Eis gefüllten Kamin und anschließend eine Wand mit Preßschnee gequert. Nun saßen wir auf der »Schulter« und waren im Moment nicht fähig, das Zelt aufzubauen. Der Höhenmesser zeigte 7100 m, und das Wetter war herrlich. Beides wirkte aufmunternd. Mit den Füßen und den Pickeln ebneten wir einen kleinen Platz ein, zweimal ein Meter vielleicht, stellten das Biwakzelt auf und begannen Tee zu kochen, wir mußten trinken, viel trinken.

Ein traumhafter Sonnenuntergang versprach gutes Wetter für den nächsten Tag.

Es war eisig kalt, als wir um 6.30 Uhr des 10. August das Biwak verließen. Über Firnhänge und Felsrücken stiegen wir anfangs ohne besondere Schwierigkeiten bergan. Nach einer Stunde aber baute sich die Wand neuerdings steil auf. Teilweise im Fels, dann wieder im Eis kletterten wir durch das »S«, einen Schlauch, der wie ein riesiges S emporzieht. Oft war der Schnee windgepreßt, nicht selten lawinengefährlich. Peter stieg nun voraus und spurte, wenn es notwendig war, ich schleppte den Rucksack mit der Filmkamera, den Medikamenten, dem Notproviant.

Wenig unter dem Gipfel querten wir leicht nach links, erreichten einen relativ flachen Grat. Ich fotografierte und filmte, wie Peter über die scharfe Firnschneide in den schwarzblauen Himmel hineinstieg. Keine einzige Wolke am ganzen Horizont. Dann stieg ich nach. Am Gipfel kam mir Peter einige Schritte entgegen, wir umarmten uns, vergaßen für einen Augenblick ganz, daß wir uns unendlich weit entfernt hatten: 2 km steilste Fels- und Eiswand. 10 km Eisbrüche, mehr als 60 km Gletscher, 12 Tage Fußmarsch von Skardu, 8000 km von daheim.

DIE KLEINEXPEDITION – DIE FORM VON MORGEN

Die Engländer Tasker und Renshaw bezwangen im Herbst 1975 die Südwand des Dunagiri im Gharwal-Himalaja. Wenige Monate vorher hatten Guido Machetto und Gianni Calcagno, zwei italienische Spitzenbergsteiger, den Westpfeiler des Tirich Mir im Hindukusch erstmals erklettert. Beide Male handelte es sich um kleine Expeditionen, bei der Besteigung selbst allein um eine Seilschaft, die operierte.

Eine kleine Expedition ist leichter zu finanzieren, leichter zu organisieren und birgt bei guter Vorbereitung aufgrund der schnelleren Beweglichkeit weniger Gefahrenmomente als eine Großexpedition, zudem sind die Erfolgsaussichten nicht geringer. 2 Mann allein sind vielleicht nicht das Ideale. Es dürfte sich nach und nach wohl die Idee der Viererseilschaft durchsetzen, einer kleinen Gruppe, bestehend aus einem Arzt und 3 weiteren Bergsteigern, die am besten in 2 Seilschaften klettern. In diesem Stil sind auch schon viele der großen Alpenwände gelöst worden. Er bringt den Vorteil, daß man sich gegenseitig helfen kann, daß eventuell *eine* Seilschaft zum Gipfel steigt, sollte einer erkranken, und daß Erkundungsarbeiten aufgeteilt werden können. Zu viert kann man sicherlich alle Normalwege an den Achttausendern wiederholen, viele Siebentausender besteigen und vor allem

Der Siniolchu vom Zemu-Gletscher aus, Sikkim

– was sehr viel Spaß machen muß – im Himalaja, in den Anden oder im Hindukusch einfach so herumklettern. In dieser neuen Expeditionsform stehen die Weltberge einem wesentlich größeren Kreis von Bergsteigern offen, vor allem auch den jungen, tatkräftigen. Die britische Kangchendzönga-Expedition, die Mitte März 1979 Europa verließ, um den dritthöchsten Gipfel der Welt über eine neue Nordroute zu besteigen, ist wieder ein Beweis dafür, daß die Himalajariesen auch im Alpenstil möglich sind. Nur 4 Bergsteiger – Peter Boardman, der Franzose George Bettembourg, Doug Scott und Joe Tasker – stellten sich einem bergsteigerischen Problem, das bis dahin auch von Großexpeditionen nicht bewältigt worden war. Bis zum Nordsattel nur wurden Sherpaträger eingesetzt, die Fixseile blieben auf die untere Hälfte der Aufstiegsroute beschränkt. Nach mehreren Anläufen erreichten die 3 Briten am 16. Mai den Hauptgipfel des Kantsch.

TREKKING – DAS ORGANISIERTE ABENTEUER

Trekkings sind »in«. – Schätzungsweise 10 000 unternehmungslustige Urlauber brechen alle Jahre zu einer Tour in ferne Gebirge auf. Sie marschieren durch die Hochtäler Nepals, besteigen den einen oder anderen Sechstausender im Himalaja, die Vulkane in Mexiko, die Fünftausender in Ostafrika. Andere jagen in Hundeschlitten über die Eiswüsten Labradors, die Kühnsten schließen sich einer Expedition zu den Siebentausendern des Hindukusch, Pamir und Karakorum an.

AUSRÜSTUNG FÜR TREKKINGS

Für die Reise:	**Bergbekleidung:**	**Bergausrüstung:**	**Allgemeines:**
			Sonnenhut
Seesack			Schreibzeug
Flugreisetasche			Mehrzweckmesser
Reisehosen	Berghosen (fest, lang)	Rucksack	Schere
Jeans	Pullover (dick)	Daunenschlafsack	Sturmhölzer
Shorts	Wollhemden	Thermosflasche	Plastikteller
Badebekleidung	Wollstrümpfe	Wasserflasche	Besteck
Leichte Schuhe	Wollunterwäsche	Gletscherbrille	Dosenöffner
Schlafanzug	Anorak	Reepschnur (4m, 6mm)	Becher
Trainingsanzug	Sturmanzug	2 Karabiner	Sonnenbrille
Taschentücher	Daunenjacke	Kompaß	und Reservebrille
Reisepaß	Wollmütze	Höhenmesser	Taschenlampe
Impfscheine	Sturmhaube	Eispickel	Stirnlampe
Fotoapparat	Regenumhang	Steigeisen	Ersatzbatterie
Filme	Wollhandschuhe, 2 P.	Biwaksack	Sicherheitsnadeln
Kartenmaterial	Überhandschuhe	Lippenschutz	Nähzeug
Geld	Lederhandschuhe	Heftpflaster	Wasch-/Rasierzeug
Vitamin- und	Doppelbergschuhe	Rucksackapotheke	Handtücher
Kohletabletten	Gamaschen	mit Schmerztabletten	Schuhputzzeug

Anmarschwege, die vor 20 Jahren nur einer kleinen Schar von auserwählten Bergsteigern vorbehalten waren, sind zum beliebten Wanderziel organisierter Gruppen geworden. Mehr noch, Gipfel, die jahrzehntelang alle Versuche scheitern ließen, werden heute nicht selten von Reisebüros als Urlaubsziel angeboten: der Dhaulagiri im Himalaja, der Tirich Mir in Pakistan, der Trisul in Nepal, der Mount McKinley in Alaska. Wie lange wird es dauern, bis alle Achttausender pauschal gebucht werden können? Führung, Betreuung und Abenteuer inklusive. Die Wege der großen Pioniere locken zum Nachvollzug in kleinen Dosen, man folgt dem Weg von Edmund Hillary ins Basislager des Everest, man steigt bis zur Märchenwiese auf, wo Willy Merkl, Willo Welzenbach und Hermann Buhl gelagert hatten, man quält sich auf den Spuren von Jack London durch Alaska. »Alljährlich ächzen Hunderte im Nachvollzug heroischer Schinderei«, schreibt der »Spiegel«. Sie ächzen, meist ohne Rucksack, weil diesen der Träger schleppt, im komfortablen Zelt und speisen am aufklappbaren Campingtisch.

Es ist nicht schlimm, daß es so viele sind, die das Abenteuer in den Weltbergen suchen, zehnmal, ja hundertmal so viele hätten in den einsamen Bergtälern Nepals und Pakistans, in den Eiswüsten Grönlands und auf den ungezählten Sechstausendern Amerikas Platz, ohne sich gegenseitig auf die Zehen zu treten. Auch ist es nicht die Gruppe – die sich normalerweise rasch und konfliktlos in kleine Interessengemeinschaften aufteilt und oft auf Kilometer verteilt durch die Täler zieht –, die ich kritisieren möchte. Was ich klarstellen möchte, ist nur die Tatsache, daß man Abenteuer nicht kaufen kann, daß eigene Verantwortung dazugehört und nicht ein Gruppenführer, an den man sich klammern kann, wenn die Angst erwacht: im Schneesturm und bei dichtem Nebel, bei Fluß- und Gletscherüberquerungen.

Es ist nicht so wichtig, wie hoch der Berg ist, den man sich für den Urlaub vornimmt. Auch ist der Weg dorthin nicht ausschlaggebend. Wichtig ist, daß man es selbst macht, selbst organisiert, selbst mit den einheimischen Trägern verhandelt, selbst kocht und Lagerplätze sucht, selbst den Weg zum Gipfel findet oder aufgibt, wenn es die Verhältnisse verlangen. Wer einmal im organisierten Trek gereist ist und dabei gelernt hat, kann mit einer Handvoll Freunden bei gleichen finanziellen Auslagen selbständig losziehen. Dabei erst findet er das, was er eigentlich sucht: das Abenteuer. Andernfalls betrügt er sich selbst.

Wichtiger als alles andere ist, daß jeder, ob im organisierten Trekking oder als Abenteurer unterwegs, der Ökologie des jeweiligen Platzes Rechnung trägt. Es ist nicht nur eine Schlamperei, wenn wir Europäer den Sherpas in Solu Khumbu das spärliche Holz wegbrennen, wenn wir die Lagerplätze als Abfallhalden hinterlassen – es ist unverantwortbar. Wer Plastik, Glasflaschen und andere nicht verwesbare Abfallprodukte mit auf die Berge nimmt, muß sie wieder mit herunternehmen! Es ist höchste Zeit, daß wir uns am Zügel nehmen und die »Arena der Einsamkeit« als ein letztes Stück wilde Welt auf dieser »nützlichen« Erde erhalten.

TREFFPUNKT HINDUKUSCH

Mit einigen hundert Trägern war ich von Quazi Deh bis ins Noshaq-Basislager aufgestiegen, hatte dieses und ein erstes Hochlager am Westsporn des höchsten Berges Afghanistans aufgebaut und wartete nun auf meine

Frau, die die erste von 3 Trekkinggruppen bis hierher führen sollte. Wir hatten den Noshaq, mit 7492 m ein relativ hoher Berg, als Ziel für unsere besten Teilnehmer gewählt, im nächsten Umkreis aber standen Sechstausender wie der Asp-e-Safed und der Karpostoyarki, ein Fünftausender, weitere Möglichkeiten also von ein und demselben Basislager aus. Es war uns gelungen, fast ein Dutzend Sherpas von Nepal nach Afghanistan zu bringen, die nun bei der Besteigung die Lasten in die Hochlager schleppten, kochten und uns betreuten.

Früher als erwartet traf meine Frau mit ihrer Gruppe im Basislager ein. Sie hatten in Faizabad noch Nahrungsmittel eingekauft, die abenteuerlich anstrengende Strecke bis Quazi Deh mit einem Landrover und auf der Brücke eines russischen Lastautos zurückgelegt und den Anmarsch ins Basislager in 2 Tagen geschafft. Dieses, in einer Mulde auf der rechten Moräne am Fuß des Noshaq gelegen, bot wenig Erholung nach dieser staubigen Fahrt und dem Anmarsch durch ausgedörrte Hochtäler, Gletscherflüsse und sengende Hitze. Es gab kaum Wasser dort, die Zelte standen auf grauem Schutt, und der Wind wirbelte immer wieder feinen Sand auf, wenn er zwischen die Zelte fuhr.

Nach einer Besteigung des Karpostoyarki, eine Tagestour vom Basislager aus, suchte ich einen Weg durch das lange Gletschertal zum Fuß des Asp-e-Safed und gab den Sherpas dabei Anweisungen, wo sie die beiden Hochlager für dieses unser zweites Expeditionsziel errichten sollten. Nun erst wandte ich mich wieder dem Noshaq zu, in dessen erstem Hochlager sich eine Handvoll Teilnehmer bereits akklimatisiert hatte, baute dort ein zweites Lager, versicherte einen Felsriegel knapp unterhalb der 7000-m-Grenze und stellte, unterstützt von Bergsteigern und Sherpas, unser letztes Lager darüber auf. An diesem Tag erreichte unsere erste Gruppe den Gipfel des Asp-e-

Der Tirich Mir, 7708 m, im Hindukusch, Pakistan, vom Gipfel des Noshaq aus fotografiert

Safed. Am nächsten Tag stiegen wir zu sechst über flache Schneehänge, einen kurzen Felsgrat und einen endlos scheinenden Schotterhang zum zweithöchsten Gipfel des Hindukuschgebirges auf, dem höchsten Afghanistans, an der Grenze zu Pakistan gelegen. Ich hatte zur Bedingung gestellt, daß nur derjenige bis zum höchsten Punkt gehen dürfte, der ihn vor ein Uhr nachmittags erreichen könne, da ich genügend Spielraum für den Abstieg einkalkuliert hatte. Diese Zeitbegrenzung ist zwar um eine gute Stunde überschritten worden, alle Teilnehmer kamen trotzdem vor Dunkelheit in das Sturmlager zurück, von wo wir am nächsten Tag ins Basislager abstiegen.

Lager und Versicherungsarbeiten blieben für weitere Besteigungsgruppen stehen, und wir erholten uns unten auf der Moräne, wo inzwischen 3 weitere Expeditionen eingetroffen waren. Bei der einen – polnische Bergsteiger, die die Südwand des Noshaq erstbegehen wollten – saßen wir oft halbe Nächte in den Zelten und sangen, unterhielten uns und hörten klassische Musik. Mit einer internationalen Gruppe, bestehend aus Norwegern und Amerikanern, die 20 Minuten weiter oben lagerten, hatte sich ein reger Handel entwickelt: Wir tauschten Marmelade gegen Kronsardinen, Fertiggerichte gegen Tubenkäse, Streichhölzer gegen Klopapier. Die dritten Nachbarn endlich waren eine Handvoll Hippies, die nur so von Kabul aus aufgestiegen waren und nun, zum Teil in Filzpantoffeln, in den unteren Regionen des Noshaq herumstiegen.

MAKALU- UND EVEREST-SÜD – ZWEI LETZTE PROBLEME

Die Südwand des Everest und die Südwand des Makalu wurden in den letzten Jahren immer wieder versucht. Beide sind sie etwa 2500 m hoch, kombiniert, und beide haben sie einen speziellen Reiz. Die eine, die Südwand des Makalu, ist formschön, steilt sich nach oben hin auf und schreibt eine logische Route zwingend vor. Die andere, die Südwestwand des Everest, ist nicht so schön, 2 Routenmöglichkeiten bieten sich an, aber sie führt auf den höchsten Berg der Erde. Nahezu alle bergsteigenden Nationen haben sich an diesen Wänden versucht: am Everest Japaner, Engländer, Deutsche, Österreicher, wieder

Japaner, auch wir, die Basisgruppe von der Manaslu-Expedition '72, hatten die Wand auf unserem Programm. Am Makalu versuchten sich Jugoslawen, Amerikaner, eine österreichische Expedition, der auch ich angehörte, und dann wieder Jugoslawen. Im Herbst 1975 sind beide Wände gefallen, in der Nachmonsunzeit, die bis dahin nur 2 Normalwegerfolge an Achttausendern gebracht hatte. Am Makalu war es wieder Aleš Kunaver, der Leiter der jugoslawischen Makalu-Expedition 1972, der die Expedition führte.

Kunaver machte sich die Erfahrungen von 1972 zunutze und operierte diesmal mit einer verstärkten Klettergruppe und gleichzeitig einer geringeren Anzahl von Sherpas. Interessant ist dabei, daß der Angriffsplan bereits zu Hause bis ins Detail ausgeklügelt wurde und an der Wand selbst dann nur durch einen Wettersturz geringfügig verzögert wurde. Die Expedition, die am 19. August in Dharan aufbrach, erreichte das Basislager am 5. September. Am 6. September bereits gingen die ersten Lasten nach Lager 1, am 7. September wurde es aufgestellt. In diesem Tempo ging es weiter, bis nach Errichtung von Lager 5 am 6. Oktober Stane Belak und Manfreda Marjan von dort aufbrachen und um 16 Uhr den Gipfel erreichten. Weitere Seilschaften folgten am 8., 10. und 11. Oktober. Mit insgesamt 7 Gipfelbezwingern über diese große Wand, die so viele abgewiesen hatte, gehört die jugoslawische Expedition damit nicht nur zu den erfolgreichsten Unternehmen des Jahres, sondern der alpinen Geschichte.

Auch die Engländer unter Leitung von Chris Bonington hatten gut vorgeplant und sich die Erfahrungen der vorhergegangenen Versuche zunutze gemacht. Boningtons Team erreichte das Basislager am 21. August, am 22. September stand das letzte, das 6. Lager, nachdem man sich an der Schlüsselstelle, dem Felsband, für die linke Version entschieden hatte und bei dem vielen

Die klare Luft,
die Aussicht,
der stürmische Wind –
alles läßt ahnen,
daß ich den Aufstieg
hinter mir habe:
das Spuren,
Klettern,
Aufpassen
und das Balancieren
auf schmalen Graten;
in mir
das Schweigen
der Erde;
vor mir
der Abstieg
in mein eigenes
Leben.

Der Noshaq, 7492 m, der höchste Berg Afghanistans. Links dahinter der Darban Zom 7219 m

Schnee eine Rinne mit nur 2 Unterbrechungen ausnützen konnte. Am 24. September brachen Doug Scott und Dougal Haston zum Gipfelangriff auf und erreichten den höchsten Punkt um 18 Uhr. Bei einem zweiten Angriff am 26. September erreichten Peter Boardman und der Sherpa Pertemba den Gipfel. Mick Burke verlor beim eintretenden Wettersturz sein Leben. Trotz dieses Opfers war damit eines der größten Probleme der Expeditionsgeschichte gelöst und eine Epoche des Himalaja-Bergsteigens abgeschlossen. Das traditionelle Expeditionswesen hat seinen Abschluß gefunden.

ZU DEN BERGEN DER WELT

Die großen Gebirge der Erde sind für die heutige Generation zeitlich und finanziell nähergerückt. Auch die Eiswüste Grönlands, die Felsen der Sahara, ja sogar die geheimnisumwobenen Firnkuppen überm Dschungel der Südsee sowie die sturmumtobten Granittürme Patagoniens, sind nicht allein mehr Traum, sondern Ziel vieler junger Bergsteiger geworden.

Was in den fünfziger Jahren nur einzelnen, auserwählten Spitzenbergsteigern vorbehalten war, kann heute jeder erleben, der Lust und Mut zum Bergsteigen in fernen Ländern mitbringt. Seit Anfang der siebziger Jahre nämlich zeichnet sich ein neuer Trend im Expeditionsbergsteigen ab: der allgemeine Ausbruch aus den Alpen. Es ist, als ob alle Schranken gefallen wären; die Berge der

Träger im Basislager am Makalu

Welt – in jahrzehntelanger Forschertätigkeit erobert – sind damit ein idealer Erholungsraum geworden.

Diese Erscheinung hängt in erster Linie mit dem modernen Tourismus zusammen, dem keine Entfernungen zu groß sind und der dem aktiven Urlauber Abenteuer in den entlegensten Gegenden ermöglicht.

Diese Welt aber, die durch die ungezählten Flugmöglichkeiten mehr und mehr zusammenzuschrumpfen scheint, hat sich in Wirklichkeit für uns Bergsteiger geweitet, da sich damit unendlich viele neue Möglichkeiten auftun. Zur Zeit der Postkutsche, als Goethe über den Brenner nach Italien reiste oder einige Gipfel in der Schweiz bestieg, war es nur wenigen vergönnt, den Montblanc zu sehen. Heute gibt es eine Reihe von Alpinisten, die alle Viertausender der Alpen bestiegen haben, die fast alle großen Gebirge rund um die Welt kennenlernen möchten.

HEILIGE BERGE

Seit Jahrtausenden schon wanderten Hinduisten und Buddhisten viele Wochen weit, um die Gipfel des Himalaja, die Throne der Götter zu sehen. Aber nicht nur im Himalaja, auch in Japan und Südamerika galten oder gelten die Berge bei den Einheimischen als Sitze von Gottheiten, sie werden verehrt und gefürchtet zugleich.

Bei der Erstersteigung des heiligen Berges Kangchendzönga hatten die Engländer 1955 versprochen, den Gip-

Der Mount Everest, 8848 m, rechts die Südwand

Ausblick beim Aufstieg (7000 m) zum Pik Lenin zur nördlichen Akademiekette im Zentralpamir

Kangtega und Tamserku vom Kloster Tengboche aus, Solu Khumbu

fel selbst nicht zu betreten, sie sollten die Götter nicht stören. Sir Edmund Hillary wurde von der nepalesischen Polizei aus den Bergen geholt und sogar einige Tage eingesperrt, weil er seine Expeditionsmannschaft nicht davon abgehalten hatte, den heiligen Berg Ama Dablam zu besteigen. Der Machhapuchhare und der Gaurisankar blieben noch lange unbestiegen, weil die nepalesische Regierung keine Genehmigung mehr für einen Versuch erteilte: Beide Gipfel gehören zu den heiligsten Nepals. Die Götter und Dämonen des Chomo Lungma (Everest), von dem die Priester schon in der Zwischenkriegszeit geweissagt hatten, daß ihn nur ein Mann besteigen könne, der niemals eine Frau berührt hat, haben nach Aussagen der Sherpas 6 französische Bergsteiger durch Lawinen getötet, weil diese bei der Devouassoux-Expedition 1973 6 Yaks geschlachtet hatten. 4 Yaks haben Japaner anläßlich der Dhaulagiri-Südwand-Expedition 1975 getötet, 4 Bergsteiger stürzten bei der gleichen Expedition tödlich ab. Nach unserer Lawinenkatastrophe im Basislager unter der Lhotse-Südwand, bei der 2 Lawinen unser Ausgangslager völlig vom Erdboden weggefegt hatten, sagten die Sherpas wenigstens einen Toten voraus, weil wir es gewagt hatten, einen Yak zu schlachten. Diese Tiere sind da oben heilig, und die Lawinen seien die Vorboten des Unheils, das die Götter für uns bereithielten, erklärten unsere Hochträger, die im Basislager Tag für Tag zu ihnen beteten.

Weder die Sherpas noch die Talbewohner zeigten Erstaunen oder Trauer, als ich nach dem Abstieg von der erfolgreichen Manaslu-Südwand-Expedition 1972 vom Tod unserer beiden Kameraden berichtete. Ich hatte den Thron der Götter betreten, und diese hatten sich gerächt. Überall dort, wo allein der Glaube noch die Lebensform bestimmt, fürchtet man den Berg und würde es niemals wagen, ihn aus eigenem Antrieb zu besteigen. Wohl krochen zahllose Tibeter unter größten Entsagungen und

Die heiligen Berge– viele Jahre für Ausländer gesperrt – sind jetzt zugänglich.
Ama Dablam und Gaurisankar sind öfters schon bestiegen!
An beiden gibt es faszinierende Wandprobleme zu lösen.

Ausblick aus der Lhotse-Südwand zu den Gipfeln des Ama Dablam, Kangtega, Tamserku

Schmerzen um den heiligen Berg Kailas in Tibet, um durch diese Pilgerreise später ins Nirwana eingehen zu können; wohl hatten die Inka Opferstätten auf den Andengipfeln errichtet, der Gedanke aber, den Berg um des Berges willen zu umwandern oder zu besteigen, war ihnen fremd, er erschien ihnen sogar frevelhaft.

Wenn wir diese Dinge mit den Augen des Pantheismus betrachten, müssen wir den Einheimischen recht geben, wenn sie die Götter auf den Bergen fürchten. Auch wir, die wir durch viel Erfahrung und beste Ausrüstung gelernt haben, die höchsten und »heiligen« Berge zu besteigen, bleiben winzig klein diesen Größen gegenüber, oft sind wir Stürmen und Lawinen, Steinschlag und Schnee bedingungslos ausgeliefert. Bedingunglos, wie sich die Einheimischen in den Berggebieten Nepals, Baltistans, Tibets und Südamerikas ihren Göttern unterordnen.

NEUE ZIELE

Je mehr in den letzten Jahrzehnten Erstbegehungsmöglichkeiten in den Alpen geschwunden sind, desto mehr taten sich, bedingt durch die weltweiten Flugverbindungen, beste und leichte Ausrüstung sowie sozialen Wohlstand, neue Möglichkeiten in den Bergen der Welt auf. Dort stecken wir jetzt in jener faszinierenden Epoche, die alle großen Pfeiler, Grate und Wände an den Sechs-, Sieben- und Achttausendern möglich erscheinen läßt. Dabei sind die »Probleme« so zahlreich, daß man logische Routen wählen kann und diese für viele Generationen reichen werden.

Sicher, die Wände an den Achttausendern sind größtenteils schon gemacht, aber die Grate sind fast alle noch frei. Diese werden nicht weniger problematisch sein als die steileren, bereits gekletterten Routen, mehr dem Wind ausgesetzt und vor allem länger, viel, viel länger. Dann gibt es da noch die unbestiegenen Gipfel im Karakorum, in Patagonien, in Alaska und in allen Gebieten des Himalaja, deren Normalwege die höchsten Schwierigkeitsgrade aufweisen werden.

Granitmauern und Eiswände, an denen ich bei meinen Anmärschen oft nur staunend vorbeiging, werden morgen schon die Ziele der Jungen sein: der Pfeiler am Südgipfel des Aconcagua, die Wände an den Payne-Türmen in Patagonien, die Pfeiler des Paju- und des Biaho-Turms im Karakorum, die Wände der drei Kathedralen, die mehr als 2000 m hoch über dem Baltoro-Gletscher aufragen, die Nordabstürze der Mazeno-Mauer im Nanga-Parbat-Gebiet, die Westwand am Gasherbrum IV, sie alle werden einmal die Bedeutung für die Entwicklung

Die Westflanke des K 2, zur Zeit heiß umkämpft

Die Südwand des Dhaulagiri, undurchstiegen
Die Südwand des Lhotse, undurchstiegen
1980 blieb Nicolas Jager bei einem Soloversuch in dieser Wand verschollen
Die Trango-Gruppe im Karakorum – die Gipfel sind bestiegen, die Wände offen

des Alpinismus haben, die vor dem Ersten Weltkrieg das Kaisergebirge, später die Dolomiten und heute das Yosemite in Kalifornien darstellen.

Der nächste Schritt wird dann zum Versuch der ganz großen Überschreitungen führen: Aufstieg über den Ostgrat zum Lhotse Shar, weiter zum Gipfel des Lhotse, Abstieg zum Everest-Südsattel, Aufstieg zum Everest-Gipfel mit dem Abstieg über den Westgrat; noch faszinierender wäre die Überschreitung der 3 Kangchendzönga-Gipfel von West nach Ost oder von Ost nach West; oder die Überschreitung der 3 höchsten Gasherbrums.

Diese Prognosen klingen auch für mich vermessen, nicht nur kühn. Der Alpinismus aber wird sich immer weiter entwickeln, und die letzte Phase wird keine technische und keine Kampf-und-Sieg-Phase sein, sie wird die klassische sein. So wie der Alpinismus angefangen hat, wird er seinen Höhepunkt erreichen und fortbestehen: die Anfänge des Alpenbergsteigens ohne Eroberungsgedanken auf die größten Höhen getragen, die Ausschöpfung einer der vielen Möglichkeiten in unserem Leben.

Die Pfeiler der zentralen Lhotse-Südwand aus 7400 m Meereshöhe fotografiert. (Nächste Seite)

Expeditionen – Morgen

Wollte ich die Grenzen, die ich im klassischen Bergsteigen erreicht habe, weiter nach oben rücken, müßte ich eine neue Dimension einführen: die größten Höhen. Ich müßte dann im Himalaja dasselbe verwirklichen, was ich in den Alpen gemacht habe, das heißt reinen Alpinismus in 8000 m Meereshöhe; zuerst würde ich wahrscheinlich einen Achttausenderriesen ohne Sauerstoffgeräte und ohne die von Mannschaften erstellten Hochlager, nur mit einfachen Biwaks, angehen; dann würde ich da oben einen Alleingang wagen; später einen Alleingang im Winter; zuletzt eine winterliche Erstbegehung an einer schwierigen Achttausenderflanke im Alleingang.

Walter Bonatti
(aus »I Giorni Grandi«)

DIE LHOTSE-SÜDWAND IM JAHRE 2002

Vier Wochen lang hatten sich die 4 Bergsteiger am Fuße der Lhotse-Südwand zur Akklimatisation aufgehalten. Dabei hatten sie den Island Peak und den Nuptse bestiegen und waren nun so an die Höhe angepaßt, daß sie bei der nächsten Schönwetterperiode in die Wand gehen wollten. Sie hatten mit Absicht auf die Nachmonsunzeit gewartet, um einerseits das bessere Wetter, andererseits die besseren Verhältnisse in der Wand ausnützen zu können. Die Sauerstoffgeräte, die es erst seit ein paar Jahren gab, wogen fast nichts und erlaubten es, Schnee in Brennstoff und Sauerstoff zu spalten.

Technisch hatten sich die beiden Amerikaner am Mount McKinley und in Patagonien auf die Lhotse-Südwand vorbereitet, die beiden Europäer hatten die Eiger-Nordwand, den Walkerpfeiler und den Peutereygrat in 10 aufeinanderfolgenden Tagen im Winter durchstiegen. Viel schwieriger konnte die 3500 m hohe Südwand des Lhotse auch nicht sein, nur gab es da den fürchterlichen Wind, der von Süden her in diese senkrechte Mauer fiel und lockere Steine loslöste, an den Graten heulte. Auch die Höhe kam dazu. Aber diese sollte mit Hilfe der modernen Sauerstoffgeräte überwunden werden, die nachts immer und beim Steigen im leichten und mittelschwierigen Gelände eingesetzt werden konnten. In den ersten Oktobertagen des Jahres 2002 verließen die 4 Kletterer ihr winziges Basislager. Sie ließen dort die beiden Sherpaköche zurück, die versprochen hatten, das Material in der Zwischenzeit unter den Khumbu-Eisfall hinaufzuschaffen. In 2 Seilschaften kletterten sie links der Gipfelfallinie aufwärts, hielten auf einen schwach ausgeprägten Pfeiler zu, der sich in der Wandmitte in graugelben Überhängen verliert. Mit ihren leichten Rucksäcken – sie trugen, Titanhaken, Seile und Kochgeschirr inbegriffen, 11,5 kg pro Mann – kamen sie über den steinschlaggefährlichen Gürtel schnell hinweg und querten am Abend des ersten Tages viele Seillängen weit nach rechts zum Fuß einer schwarzen Felswand, wo sie, durch Überhänge geschützt, einen günstigen Biwakplatz vorfanden. Sie bliesen ihre beiden Zelte auf, produzierten Brennstoff und begannen in den Zelten liegend zu kochen. Am nächsten Morgen verließen sie den Biwakplatz mit den ersten Sonnenstrahlen, die sie in der Wand trafen. Sie querten nochmals nach rechts und blieben dann am linken Rand jener unheimlich steilen Riesenrampe, die nach links aufwärts zieht.

Die Kletterei war sehr schwierig, der Fels brüchig, und es war problematisch, gute Standplätze zu bauen. Die Europäer, die jetzt führten, schlugen die Haken ein, die Amerikaner, die am zweiten Seil, das die erste Seilschaft jeweils am Standplatz fixierte, mit Steigklemmen nachstiegen, nahmen die Haken wieder mit. An diesem zweiten Klettertag konnte die Vierergruppe jenen schwach ausgeprägten Felspfeiler erreichen, der wie ein Wulst vom großen Trichter links unterhalb des Gipfels herunterzieht und sich in der überhängenden Wand verliert. Es war äußerst ausgesetzt, und deshalb ging alles sehr langsam. Man konnte für diese Nacht nur hocken und die Zelte wie eine Glocke über sich spannen. Der Biwakplatz war nicht nur eng, sondern auch abschüssig, der Schnee, der für die Brennstoff- und Sauerstoffgewinnung im Inneren des Zeltiglus lag, nahm ein Drittel des Platzes weg. Steif und müde nahmen die 4 am nächsten Vormittag die Kletterei wieder auf. Der harte Firn, der hier auf den Felsplatten lag, erlaubte ein relativ schnelles Steigen, schneien aber durfte es nicht, denn jeder größere Schneerutsch hätte die Mannschaft wohl aus der Wand gefegt. Ein unangenehmer Gedanke, und wenn die 4 davon sprachen, lobten sie ihr Glück, die Tatsache, daß sie dem Steinschlag entgangen waren, der fast ununterbrochen diese Wand bedroht. Jetzt gab es kaum noch Steinschlaggefahr, sie querten nämlich unter der senkrechten, dreieckigen Gipfelwand auf abschüssigen Schneebändern nach rechts und bezogen in einer winzigen Scharte an der Kante des linken Zentralpfeilers der Lhotse-Südwand, 8250 m hoch, ihr drittes Biwak. Dieses war wieder angenehm, man konnte sich bewegen, Schneeklötze zusammentragen und war vor dem Wind geschützt, der die Wand in der Nacht aufheulen ließ wie die Brandung am Meer. Der steile Felsgrat, der von der Biwakstelle hinaufzieht zum linken Horn des Lhotsegipfels, war schwierig und kostete einen ganzen Tag harten Einsatz. Bevor die 4 am späten Nachmittag des vierten Klettertages die Scharte zwischen den beiden Gipfelhörnern erreichten, wußten sie schon, daß sie dort biwakieren müßten, denn für einen Nachtaufstieg war der brüchige Fels und der Preßschnee an den letzten Seillängen zu gefährlich. Dieses vierte Biwak war mit Sicherheit das härteste, und hätten sie ihre winzigen Zelte nicht eingegraben, der Sturm hätte sie von der Stelle gefegt. Der Gang zum Gipfel am nächsten Tag und der Abstieg über jene schmale Rinne an der Nordseite, die 1956 von den Schweizern bei der Erstbesteigung dieses vierthöchsten Berges der Welt als Route (im Auf- und Abstieg) benutzt worden war, brachte keinerlei Probleme, und unten im Tal des Schweigens – im Hochtal zwischen Lhotse und Everest – lagerte eine japanische Expedition, die den Everest von Ost nach West überschreiten wollte. Der Eisfall war deshalb versichert, und nach einem Rasttag mit den Japanern stieg die Viererseilschaft, der eine

Pioniertat in der Geschichte des Alpinismus gelungen war, wie es einige Zeitungen eine Woche später formulieren sollten, über diesen hinunter zum üblichen Everest-Basecamp, wo ihre beiden Sherpas auf sie warteten.

Das zerstörte Basislager unter der Lhotse-Südwand am 20. April 1975

EVEREST BY FAIR MEANS

Diesen Aufsatz habe ich, wie auch das Kapitel »Die Grenze des Alpinismus«, 1976 geschrieben, also noch bevor ich 1978 den Mount Everest ohne Sauerstoffgerät und den Nanga Parbat allein besteigen konnte. Diese beiden Abenteuer haben die Idee zu einer neuen, noch kühneren Möglichkeit in mir geweckt – den Aufstieg zum Gipfel des Mount Everest über die seit langem verbotene, wenig erforschte Nordseite, allein, bei den denkbar schlechtesten Bedingungen, während der Monsunzeit also. Dieser Plan – von vielen als Wahnsinn abgetan – ist nur ein Schritt weiter zum Vorhaben »Everest by fair means«, das ich 1972 erstmals formulierte und das bis zum Gelingen von nahezu allen Bergsteigern für unmöglich gehalten worden war.

»Den Mount Everest ohne Sauerstoffgeräte zu besteigen hat einen besonderen Reiz. Vielleicht ist es gar nicht möglich, ohne körperliche und geistige Schäden die Höhe von 8500 m zu überschreiten, vielleicht ist es der Wille, der da oben versagt, stirbt und gar kein Steigen bis zum Schaden möglich macht. Bei der richtigen Taktik und einer jahrelangen Vorbereitung müßte es nach meinem Dafürhalten eine winzige Chance geben, daß ein erfahrener, gut akklimatisierter und trainierter Bergsteiger auch den Gipfel des Everest ohne künstlichen Sauerstoff erreichen kann. Bei diesem Spiel interessiert mich nicht der Höhenrekord, sondern in erster Linie die Frage, ob der Mensch ohne technische Hilfsmittel fähig ist, den höchsten Punkt unserer Erde zu erreichen.

Die Engländer, die als erste den Everest versucht haben, haben anfänglich auch keine Sauerstoffgeräte benutzt. Die Höhen, in die sie dabei vordrangen, sind bis heute immer noch die höchsten von Menschen ohne Sauerstoffhilfen je erreichten. Es ist allerdings ein Unterschied, ob an einem Berg der Gipfel oder eben nur eine bestimmte Höhe erreicht wird. Der höchste bis heute ohne Sauerstoffgerät bestiegene Achttausender ist der Makalu, 8471 m. In der Nachmonsunzeit 1975 führte Aleš Kunaver eine jugoslawische Expedition zur Makula-Südwand. Manfreda Marjan erreichte dabei den Gipfel ohne Zuhilfenahme von Sauerstoffgeräten. Allerdings war er mit einem solchen Gerät vom letzten Lager aufgebrochen und hatte dieses seinem Freund Stane Belak gegeben, dessen Apparat ausgefallen war. Ähnlich wie Marjan haben aber schon die Italiener Compagnoni und Lacedelli 1954 am K 2 die letzten Meter auf zusätzlichen Sauerstoff aus der Flasche verzichten müssen, da ihnen dieser ausgegangen war. Allerdings handelte es sich beim 8611 m hohen K 2 um wenige Höhenmeter, beim Makula waren es entschieden mehr gewesen. Beide Male aber war künstlicher Sauerstoff im Spiel, wenn dieser auch vor dem Gipfel ausgegangen war. Unter einer Besteigung mit fairen Mitteln aber, ›by fair means‹ also, verstehe ich den freiwilligen Verzicht auf Schlaf- und Gehsauerstoff, den Versuch also, vom Basislager bis zum Gipfel ohne auszukommen. Natürlich ist es sinnvoll, bei einer solchen Besteigung Sauerstoffgeräte für den Notfall mitzuführen, sozusagen als Medikament, wie auch gefäßerweiternde Mittel und Kopfwehtabletten in der Apotheke sein sollten.

Ich bin sicher, daß auch der Everest eines Tages in dem Stil angegangen wird wie heute der Montblanc. Wenn der Everest ›by fair means‹ möglich ist, sind alle Berge auf dieser Welt ›by fair means‹ ersteigbar.«

Träger- und Yakkolonne auf dem Weg nach Chukhung, Solu Khumbu, Nepal

Das Tabu »Everest ohne Maske« ist gefallen. Am 8. Mai 1978 standen Peter Habeler und ich am höchsten natürlichen Punkt der Erde, ohne je beim Aufstieg Sauerstoff aus der Flasche geatmet zu haben. Aber damals schon, nach der Rückkehr, war mir klar, daß es einmal viel schwie-

Biwakzelte (ca. 6000 m) in der Aconcagua-Südwand, darüber der Südgipfel

1

2

3 5▼

4 6▼

1 Aufstieg durch die Manaslu-Südwand (ca. 7300 m)
2 Kletterei an der Aconcagua-Südwand
3 Verschnaufpause am Aconcagua
4 Trägerarbeit an der Lhotse-Südwand
5 Kaminkletterei in der Manaslu-Südwand
6 Standplatz am Manaslu

Weiter, mit schweren Füßen und stechenden Lungen, als sei jeder Schritt schon der letzte. Und was mich noch treibt, ließe sich nicht mehr ermitteln, nicht durch Verstand und nicht durch dem Willen angeschlossene Enzephalogramme. Jede falsche Hoffnung am einsamen Herzen zu messen, abzulesen der müden Grimasse meines Gesichts.

Aufstieg in der Manaslu-Südwand

Weit weg, jenseits des Tales, sind mächtige Berge. Die Schatten einer Wolke bewegen sich über die Gletscherhänge, und ich sehe die Mulden, die scharfen Ränder, die gleichen Weiten, die mich selbst umgeben.

Aufstieg im Gasherbrum-Tal mit Gasherbrum IV (7925 m), Gasherbrum III (7952 m) und Gasherbrum II (8035 m)

An der Südwand der Aconcagua

Aufstieg am Sandsteingürtel in der Aconcagua-Südwand in ca. 5800 m

Wenn jemand bereit ist, seinen Überfluß, seine Bequemlichkeit, seine Sicherheit gegen Abenteuer einzutauschen, so schließt das nicht mit ein, daß er das Leben selbst aufs Spiel setzt, auch wenn er weiß, daß er es dabei verlieren kann.

In der Makalu-Südwand

Kletterei in der Mackinder-Route am Mount Kenya, Ostafrika

In der Nacht vor dem Gipfelangriff ist man meist nur zu zweit im Zelt, und auch der andere ist wach. Oft höre ich seinem Wachsein stundenlang zu, auch wenn er nicht so still liegen kann wie ich. Wir liegen auf dünnen Schaumgummimatten und einigen Kleidungsstücken, die wir zwischen diese und den Schlafsack schieben. Wenn man sich bewegt, rascheln die Schlafsäcke, weil sie sich aneinander reiben, und der Atem geht schneller,

Sonnenuntergang im Karakorum (links Masherbrum, 7821 m; in der Bildmitte Gasherbrum VI, 7003 m)

weil jede Bewegung sehr anstrengend ist. Dabei bröselt Rauhreif, der sich aus unserer Atemluft gebildet hat, von den Zeltwänden in unsere Gesichter. Kilometerweit hört man die nächtlichen Geräusche draußen: Sturmböen, ein Eisstück, das irgendwo abgebrochen ist und in die Tiefe donnert, eine Spalte, die sich krachend auftut, das Zischen des Windes am Grat; aber sie sind anders als die kleinen Geräusche im Zelt.

Wettersturz am Manaslu, im Hintergrund ein unbestiegener Siebentausender

Es ist nicht möglich, aufrecht zu stehen, Zelt und Mulde sind gefüllt mit Preßschnee, und wo seit einigen Wochen die Sonne stand, droht jetzt ein schwarzer Himmel mit Vernichtung. Mir ist, als sei ich selbst hierhergeschleudert worden, als könnte ich im nächsten Augenblick weggerissen werden. Über mir und dem Berg hat sich eine Kluft geschlossen. Meine Ohnmacht quält mich nicht, sie zwingt, die Wand ist nicht die alte mehr. Die Herausforderung und das Spiel der gewesenen Wochen sind von mir abgefallen. Ich lasse alles liegen und ziehe mich in mich selbst zurück, um dem Tod zu entrinnen, dessen erste Schatten mich gestreift haben.

Blick aus der Nordwandmauer im Carstenszgebirge auf die Larson-Seen

Eistürme am Baltoro-Gletscher mit den granitenen Kathedralen

Wie der Wind den Schnee über diese blaue Wüste treibt! Wie Wolken flattert er am Grat: weißgrün und schwarz. Nach der Nacht im Schneesturm sind die vielen dunklen Rillen wie ein kunstvolles Ornament. Kein Gedanke an Gott, ich stapfe über die wogende Fläche und höre dem Wind zu, der hinter mir die Spur verwischt. Wenn ich lange genug in der Wildnis lebe, brauche ich keinen anderen Gott mehr.

Schneesturm in 7400 m Meereshöhe am Manaslu-Plateau

Der ständige Kontrast im Wogengang von Lust und Leid, Anstrengung und Rast, Verzweiflung und Hoffnung ist es wohl, der jene starken Gefühle auslöst, die die Freuden bei einer Expedition ausmachen.

Im Eisbruch des Hidden Peak, Karakorum

An der Eisnase in
der Aconcagua-
Südwand,
ca. 6000 m

Die Rupalwand am Nanga Parbat

Die Gipfel der Anden und Kordilleren sind so viele, und sie sind so verschiedenartig! Endlich in diesen Jahrzehnten können wir sie einfach besteigen – ohne den teueren und belastenden Expeditionskram.

Der schönste Berg der Welt? Wie oft ist mir die Frage gestellt worden. K 2 im Karakorum, Ama Dablam im Himalaja, Cerro Torre in Patagonien, Matterhorn. Für mich ist immer der der schönste, den ich gerade besteigen möchte.

Der heilige Berg Ama Dablam im Himalaja

Der K 2, 8611 m, vom Concordia-Platz aus gesehen, Karakorum

riger sein wird, auf die Hilfe der einheimischen Hochträger zu verzichten als auf die Technik. – »Everest-Solo« heißt die Herausforderung, die mich jetzt nach Tibet, in den Himalaja lockt!

WO FÜHRT DAS HIN?

Bis vor einem Vierteljahrhundert galten die höchsten Berge der Welt vielfach noch als unersteigbar. Hermann Buhl war der erste Mensch, der dann gleich 2 Achttausender bezwang. Der Italiener Guido Monzino hat eine italienische Militärexpedition am Normalweg des Everest zum Erfolg geführt: Aufwand einige Milliarden Lire, 110 Tonnen Material, 2 Hubschrauber, von denen einer in 6400 m Höhe zerschellte und ersetzt wurde, 62 Bergsteiger und mehr als 100 Sherpa-Hochträger.

2 Jahre später erreichten Peter Habeler und ich den Gipfel des Hidden Peak über seine Nordwestwand: Kosten weniger als 20 000 DM, alles in allem 200 kg Gepäck.

Jedem steht es frei, eine Expedition so oder so durchzuführen. Das Sinnvolle daran sehe ich heute allerdings nur mehr in der sportlich-spielerischen Auseinandersetzung einer kleinen Gruppe von Bergsteigern mit den großen und größten Bergen der Welt. Das setzt aber einen freiwilligen Verzicht auf einen Großteil unserer technischen Errungenschaften voraus, die Bereitschaft zum Selbermachen und den Mut, sich ins Ungewisse zu wagen.

HUBSCHRAUBER ODER TRÄGER

Als Peter Habeler und ich nach der erfolgreichen Hidden-Peak-Expedition mit schweren Rucksäcken zum Concordia-Platz am Ende des Baltoro-Gletschers herunterkamen, sagten wir uns häufig: »Einmal und nie wieder!« Die Rucksäcke drückten schwer auf unsere Schultern, der Schutt schien endlos zu sein. Wir beschlossen damals, erst dann wieder zu den Achttausendern des Karakorum aufsteigen zu wollen, wenn es eine Hubschrauberverbindung ins Basislager geben wird, wenn die aufreibende Strecke von Skardu über Askole und den mehr als 50 km langen Baltoro-Gletscher nicht mehr mit einer Trägerkarawane zurückgelegt werden muß.

Ob der Hubschrauber in Zukunft die Anmarschwege erleichtern und jede Expedition noch einfacher machen wird? In Nepal ist er öfters schon eingesetzt worden, als Transportmittel, für einen Teil der Mannschaft und für Nachschub. Das pakistanische Heer weigert sich vorläufig, bis in den hintersten Winkel des Karakorumgebirges zu fliegen, aus Angst, nicht mehr herauszukommen. Ob private Fluggesellschaften es wagen würden? Ob es nicht vielleicht noch billiger wäre, 1000 oder 2000 kg Gepäck 100 km bis an den Fuß eines Berges zu fliegen, als sie durch gefährliche Schluchten, reißende Bäche und über nicht enden wollende Gletscherströme bis dorthin schleppen zu lassen?

Ein Flug mit dem Hubschrauber ins Basislager würde sicherlich viel Zeit sparen helfen, eine langsame Akklimatisation allerdings wäre dabei unmöglich und das Erlebnis, sich mit einer kleinen Trägerkolonne Tag für Tag weiterzuschieben, der Kontakt mit der einheimischen Bergbevölkerung gingen vollkommen verloren. Vielleicht bin ich bei meiner ersten Expedition in erster Linie des Berges wegen aufgebrochen, damals faszinierte mich der Gipfel, die Wand. Den Anmarsch habe ich damals als notwendiges Übel in Kauf genommen, um überhaupt an den Berg heranzukommen. Inzwischen haben sich meine Interessen völlig verschoben. Es sind die letzten Dörfer, die mich interessieren, die Lebensweise der Einheimischen und vor allem die Träger mit ihrem Gebaren untereinander und uns gegenüber. Die tiefgreifendste Erfahrung aber bei einem Anmarsch ist das Erlebnis, wenn sich bei langen Märschen die Seele auftut für die fremde Landschaft, die man nach und nach mit allen Sinnen aufnimmt, die eine innere Gelöstheit hervorruft, ähnlich der Meditation. Mir bedeutet ein solcher Anmarsch ebensoviel wie der Gipfel selbst, den ich ohne die dabei gewon-

Hängebrücke in Sikkim, 1899 von Vittorio Sella aufgenommen

nene Ruhe und Ausgeglichenheit wahrscheinlich gar nicht erreichen könnte.

Nach Rawalpindi zurückgekehrt, habe ich gleich um eine neue Expeditionsgenehmigung im Karakorum nachgesucht, auch wenn es dort in 10 Jahren noch keine Hubschrauberverbindung geben wird. Oder vielleicht gerade deswegen.

DIE GRENZE DES ALPINISMUS

Die imaginäre Grenze des Alpinismus ist da, es gibt sie, seit es den Menschen gibt, und damit die Möglichkeit einer Auseinandersetzung Mensch–Berg. Diese Grenze ist keine Folge einer bergsteigerischen Entwicklung, sie beeinflußt diese aber, und die Bergsteiger bemühten sich – als große Gemeinschaft gesehen – immer wieder, dieser Grenze näherzukommen.

Ich sage hier »imaginäre Grenze«, weil wir sie vorerst nur denken können, weil der Mensch vielleicht zu klein ist, um sie zu erreichen. Sie ist gegeben durch den höchsten Berg mit seiner schwierigsten, unbestiegenen Wand und den Alleingeher ohne die heute bereits üblichen technischen Hilfsmittel wie Sauerstoffgeräte, Seil, Haken, Hochlager und Materialaufzüge.

So vermessen der Plan, den Mount Everest allein zu besteigen, vielen auch scheinen mag, er ist faszinierend, eine der letzten großen Herausforderungen, die nach 100 Jahren Expeditionsbergsteigen übriggeblieben sind. Dabei ist weniger das bergsteigerische Können die fragliche Komponente, auch nicht der Berg selbst, als vielmehr die Psyche des Menschen, der sich in diesem Fall allein, bei größter physischer Anstrengung, Schritt für Schritt in eine lebensfeindliche, völlig tote Umwelt begibt und mit jedem Meter, den er sich vorwärtskämpft, 2 Meter von der übrigen Menschheit und eventuellen Rettern entfernt.

Mehreren ist es schon gelungen, die Erde allein zu umsegeln. Der Japaner Uemura ist allein im Hundeschlitten zum Südpol unterwegs, und Walter Bonatti hat nicht nur die winterliche Matterhorn-Wand allein durchstiegen, er ist wochenlang allein durch die Wüste marschiert. Der Alleingeher auf einen Achttausender aber hat, abgesehen von den technischen Schwierigkeiten, die er sicher überwinden muß, gegen die völlige Einsamkeit, die Kälte, Ungewißheit und in erster Linie gegen die Weigerung seines Körpers anzukämpfen: eine Müdigkeit, die – ausgelöst durch die sauerstoffarme Luft, die die Muskeln und den Willen gleichzeitig erlahmen läßt – zunimmt mit der Höhe, der Einsamkeit und der Gefahr, nicht mehr herunterzukommen. Es ist leicht, unter den Anfeuerungsrufen von Tausenden für kurze Zeit sein Letztes zu geben, es ist sogar verführerisch – beim Abfahrtslauf oder Autorennen –, die Geschwindigkeit über die Grenze des Verantwortbaren zu steigern, wenn es ums Gewinnen geht. Es ist schon schwieriger, ohne Gegner und ohne Zuschauermenge eine sportliche Höchstleistung anzustreben, und es ist fast unmöglich, eine solche Leistung im menschlichen Grenzbereich, allein, am Ende der Welt, Hunderte von Kilometern von den nächsten Menschen entfernt, durchzuhalten: kein Publikum, kein Fernsehteam, kein aufmunternder Blick, kein freundliches Wort eines Kameraden . . . keine Chance für den geringsten Gedankenaustausch. In dieser Situation geht es nicht mehr darum, Bilder für einen Bericht zu belichten, auch klettert in diesem Grenzbereich niemand weiter, um sein Abenteuer später vermarkten zu können. Solche Vorstellungen verflüchtigen sich spätestens bei den ersten ernstlichen Schwierigkeiten und Gefahren. Was oben als letzte treibende Kraft noch bleibt, ist einerseits der Gipfel, andererseits der elementare Wille, ihn zu erreichen und damit die eigene Grenze kennenzulernen, noch mehr aber der Wunsch, unversehrt aus dieser Auseinandersetzung hervorzugehen.

Die Idee von der Grenze des Alpinismus führt unwillkürlich zur Suche nach der Grenze in uns selbst. Diese psychisch-physische Grenze nun ist natürlich bei jedem von uns verschieden, und wir suchen deshalb an verschieden schwierigen, an verschieden hohen Bergen, das Erlebnis aber ist in der Grenzsituation – stets unter dem Gesetz der Disziplin des Risikos – dasselbe: für den Trekker wie für den Extrembergsteiger, für jeden, der diese seine Grenze sucht.

Gletscherspalten am Eisbalkon in der Aconcagúa-Südwand

Praktische Hinweise für Expeditionen

DIE DURCHFÜHRUNG

In diesem Buch habe ich nur jene Gebiete behandelt, die heute noch eine Expedition möglich machen, das heißt Berggruppen, über die es keine Führer gibt, wo es keine richtigen Hütten oder Biwakschachteln, keine unmittelbaren Straßenverbindungen gibt. Ich habe auch jene Gebirge ausgeklammert, die hauptsächlich von lokalen Bergsteigern erschlossen worden sind und für diese dieselbe Bedeutung haben wie für die Mitteleuropäer die Alpen. Ich denke dabei an Neuseeland, den Yosemite-Nationalpark in Kalifornien, die Berge Japans und Norwegens, die Drakensberge in Südafrika.

Obwohl der Alpinismus heute eine weltweite Bewegung ist, die Südamerikaner wie die Chinesen oder Inder – wenn auch noch in beschränktem Maße – ebenso bergsteigen wie Perser, Engländer, Japaner oder Deutsche, kann man doch ganz deutlich zwischen Expeditionsbergsteigen und Bergsteigen unterscheiden, und dies, obwohl heute eine Expedition nicht mehr dasselbe ist wie vor 20, 50 oder 100 Jahren.

In diesem Anhang nun gebe ich Hinweise und Ratschläge für das Expeditionsbergsteigen in aller Welt, so daß jeder sein eigenes Unternehmen planen und durchführen kann. Ausgeklammert habe ich allein jene Berggebiete die heute für den Bergsteiger aus anderen Ländern unzugänglich sind, wie Tibet, die Bergwelt Bhutans, große Teile Sikkims und der UdSSR.

Die **Planung einer Expedition** beginnt meist Monate, ja Jahre vor dem vorgesehenen Start. Es müssen Unterlagen über das gewählte Gebiet beschafft werden sowie eine entsprechende Ausrüstungsliste erstellt werden. Was die **Literatur** über die Weltberge betrifft, so muß leider festgestellt werden, daß diese heute lückenhaft ist. Es ist unmöglich geworden, bei der großen Anzahl der jährlichen Expeditionen und Trekkings in fast alle Berggebiete der Erde, eine genaue Chronik zu führen.

Die **Ausrüstung und die Kosten** einer Expedition richten sich einmal nach dem Ziel, das verschieden hoch und verschieden schwierig sein kann, und dann nach dem Stil der Expedition. Dabei ist der Aufwand an Material und Menschen die Basis für jede Berechnung, je mehr Material (Nahrungsmittel, Ausrüstung) mitgeführt werden muß, desto mehr Träger braucht man. Dementsprechend länger dauert auch die Expedition. Es gibt heute schon Richtgrößen, die bei kleinstmöglichem Gewicht den größtmöglichen Erfolg garantieren. Für ein Trekking kommt man normalerweise mit den 20 kg Freigepäck, die jeder im Flugzeug mitführen kann, aus. Nahrungsmittel können fast überall an Ort und Stelle gekauft werden. Für eine Expedition zu einem Sechstausender braucht man wenigstens 10 kg an Mehrgewicht für die spezielle Kletterausrüstung, die Ausrüstung für die Hochträger, wenn solche notwendig sind, und natürlich ein Mehr an Nahrungsmitteln, wenn der Berg einen langen Anmarsch erfordert.

Normalerweise müssen die Talträger für den Anmarsch nicht ausgerüstet werden. Es empfiehlt sich allerdings, für lange Gletscherüberquerungen Schuhwerk für sie einzukaufen (Karakorum, teilweise Nepal). Ob Lasttiere geeigneter sind als Kulis, erfährt man meist auch an Ort und Stelle, ebenso die Preise für die Träger, die sich in den letzten Jahren ständig erhöht haben.

Für einige wichtige Länder braucht man eine **Expeditionsgenehmigung,** um überhaupt bergsteigen zu dürfen. In Argentinien ist eine solche Genehmigung vorläufig nur für den Aconcagua notwendig. Sie kostet nichts als gute Nerven bei der entsprechenden medizinischen und vor allem polizeilichen Untersuchung, der sich jede Expedition in Mendoza zu unterwerfen hat. Eine Expeditionsgenehmigung braucht man vorläufig auch für das Carstenszgebirge in Neuguinea und für die Staaten Afghanistan, Pakistan, Nepal und Indien. Da sich die Bestimmungen meist Jahr für Jahr ändern, empfiehlt es sich, vor jeder Expedition bei der entsprechenden Botschaft Unterlagen anzufordern (Rules of mountaineering).

Die nachstehende Tabelle gibt eine Übersicht über Expeditions- und Trekkingsmöglichkeiten in aller Welt, sie soll dem Anfänger die grundsätzliche Wahl seines Zieles erleichtern. Er findet darin, **wann, wie, wohin** er bei seinen Voraussetzungen (in finanzieller und bergsteigerischer Hinsicht) fahren kann.

So wie es bei der Planung und Vorbereitung einer Expedition auf **Organisations- und Improvisationstalent** ankommt, kommt es bei der Expedition selbst vielfach wieder auf diese beiden Eigenschaften an. Die Fähigkeiten, soviel wie möglich selbst zu machen, mit wenig auszukommen, mit den Einheimischen umgehen zu können, sind wichtiger für das Gelingen einer Expedition als viel Geld, das nur scheinbar alles möglich macht.

RATSCHLÄGE VOM ARZT

Bei den meisten meiner Expeditionen war ein Arzt dabei, und ich bin heute der Überzeugung, daß der **Arzt der wichtigste Expeditionsteilnehmer ist.** Für den Fall, daß keiner zur Verfügung steht, sollte er wenigstens die **Zusammenstellung der Medikamente** übernehmen. Die Ratschläge, die ich selbst von Expeditionsärzten erhielt, gebe ich für den Ausnahmefall, daß keiner dabei ist – ergänzt durch meine Erfahrungen –, hier wieder.

Tropenmedizinische Aspekte und die allgemeinen **Regeln der Touristikmedizin** bilden die Basis dieser Ratschläge. Nicht weil viele Länder für den internationalen Reiseverkehr einen **Impfpaß** (Pocken, Cholera, evtl. Gelbfieber und Typhus) fordern, sondern weil zur Prophylaxe gegen Erkrankungen und Verletzungen Impfungen vor jeder Expedition sinnvoll sind, empfehle ich einen genauen **Impfplan** einzuhalten. Normalerweise reichen Gelbfieber- und Choleraimpfung (5 Wochen vor Abreise), Pockenschutzimpfung und Tetanusimpfung (2 bis 3 Wochen vor Abreise); zur Vorbeugung einer Malariainfektion sowie gegen Typhus und Paratyphus, evtl. auch gegen Hepatitis, empfiehlt es sich, je nach Expeditionsziel und Absprache mit dem Arzt vor und während der Expedition entsprechende Präparate anzuwenden.

Eine **Vor- und Nachuntersuchung** gehört ebenfalls zur Expedition wie ein entsprechendes Training und die geistige Einstellung. Dabei ist es wichtig, neben einer gründlichen internistischen Untersuchung die Zähne kontrollieren zu lassen und Schäden zu reparieren sowie den Körper auf seine Herz- und Kreislauffunktionen hin überprüfen zu lassen.

Während der Expedition selbst empfiehlt es sich, in allen unterentwickelten Ländern kein normales Brunnen- oder Leitungswasser zu trinken, keinen Salat und kein Obst mit der Schale zu essen und nicht in stehenden Gewässern zu baden. **Wasser** muß weit über die bewohnten Zonen hinaus mindestens 20 Minuten lang **abgekocht** werden bzw. chemisch desinfiziert werden (Kaliumpermanganat).

Um sich nachts vor Skorpionen und Spinnen zu schützen, empfiehlt es sich, beim Anmarsch die Nähe von Bäumen zu meiden und eine genügend große Plastikfolie als Unterlage beim Biwak zu benützen.

Soweit man sich bei den Einheimischen und wie sie ernährt, sollte man ungekochte Milch, aufgewärmte Speisen, nicht gar gebratenes Fleisch meiden.

Um starken, anhaltenden **Durchfällen** vorzubeugen – ein Leiden, das häufig Expeditionsbergsteiger schwächt –, nimmt man täglich Ferment- und Säurepräparate sowie ein Mittel gegen Blähungen.

Während des Anmarsches und vor allem während der Besteigung ist es von größter Wichtigkeit, **soviel wie möglich zu trinken,** um den Salz-Wasser-Haushalt im Gleichgewicht zu halten. In den letzten Hochlagern pflege ich neben den Getränken, die morgens, untertags und abends konsumiert werden, über dem dampfenden Tee- und Suppenkessel zu inhalieren.

Wenn in einem Hochlager, das erstmals erreicht wird, **Kopfschmerzen** auftreten, bedeutet dies meist, daß man noch nicht genügend akklimatisiert ist für die entsprechende Höhe. Das Hochlager soll erst dann überschritten werden, wenn die Kopfschmerzen abgeklungen sind. Wenn sie nach ein bis zwei Nächten nicht von selbst abnehmen, empfiehlt es sich, ins Basislager abzusteigen.

Daß Gletscherbrillen (95% absorbierende Gläser) und **Sonnenschutzcreme** (Lichtschutzfaktor 6) sowie spezielle **Lippenschutzsalben** benutzt werden müssen, ist selbstverständlich.

Der häufig auftretende **Höhenhusten** (Reizhusten) kann am besten mit Lutschtabletten behandelt werden.

Um die **Eindickung des Blutes** (hervorgerufen durch die vermehrten roten Blutkörperchen) und damit **Erfrierungen** soweit wie möglich zu vermeiden, gibt es heute Infusionen und Tabletten, deren Verwendung ein erfahrener Arzt von Fall zu Fall bestimmen muß.

Bei der klassischen Expedition soll **in jedem Hochlager eine vollständige Apotheke** liegen. Die alleinstehende Seilschaft führt eine solche immer als Rucksackapotheke mit sich. In jedem Fall sollte man eine Reserveapotheke mitnehmen.

Die Verwendung von **Sauerstoff** ist dann notwendig, wenn sich ein Bergsteiger mehr als einen Tag in der Todeszone aufhält. Meist wird, was ich aus sportlichen Motiven ablehne, zusätzlicher Sauerstoff bei Expeditionen nicht aus therapeutischen Gründen mitgeführt, sondern als Garant für den Gipfel. Auch dann, wenn eine Expedition auf das **Sauerstoffgerät** als Steighilfe verzichtet, sollte sie solche Geräte **für den Notfall** wenigstens in den oberen Lagern und im Basislager dabeihaben. Oft ist allein die Zufuhr von künstlichem Sauerstoff noch lebensrettend. So zum Beispiel beim **Lungenhöhenödem** (Blutflüssigkeit dringt in die Lungenbläschen, erschwert die Atmung und kann rasch zum Tod führen) oder bei totaler Erschöpfung.

DIE AUSRÜSTUNG

Bei der Zusammenstellung der Ausrüstung mache ich einen grundsätzlichen Unterschied zwischen Expedition und Trekking. Da man sich bei einer Expedition meist länger im Basislager (BL) aufhält und von dort aus auf- und absteigt, ergeben sich, im Gegensatz zum Trekking, bei dem man meist Tag für Tag den Lagerplatz wechselt und nur zwischendurch einen kleineren leichten Berg besteigt, verschiedene Checklisten. Natürlich sind diese

Listen nicht als Muß aufzufassen, sie sollen ein Leitfaden sein und können bei kleineren Unternehmungen dementsprechend verkürzt werden. Die Kunst besteht immer darin, bei der kleinstmöglichen Ausrüstungsliste nichts zu vergessen.

Die Wahl der Ausrüstungsgegenstände hängt wohl von den persönlichen Erfahrungen mit bestimmten Produkten ab, zudem sollen das Gewicht und die Haltbarkeit eine Rolle spielen. Das Beste ist gerade gut genug.

Ich persönlich bevorzuge für die Reise Jeans und keine Bergsteigerkleidung, für den Anmarsch in den meisten Gebieten Shorts und Baseballschuhe, solange das Wetter gut ist, sonst eine lange Hose oder eine leichte Bundhose und weiche Leichtbergschuhe. Bei Regen ziehe ich mir einfach einen wasserdichten Überanzug an, der oft auch beim Überqueren von Gletscherbächen das Ideale ist. Die Pullover mag ich lang, ebenso die Daunenjacke. Die Schuhe müssen erst ab 6000 m doppelt oder dreifach sein. Am Mount McKinley gibt es einen ausgezeichneten, kälteerprobten Schuh.

AUSRÜSTUNG EINST UND JETZT

Das Thema »Ausrüstung einst und jetzt« ist ein heiß diskutiertes. Sicher, die Zelte waren viel schwerer, die Seile wurden steif im weichen Schnee, Doppelschuhe gab es noch nicht. Und doch bin ich überzeugt, daß heute der Erfolg einer Himalaja-Tour weniger von der besseren oder schlechteren Ausrüstung abhängt als vielmehr von der Erfahrung, die in der Anfangszeit erst gesammelt werden mußte. – Diese half mir beim Solo-Aufstieg am Nanga Parbat, nicht das Perlonseil, das verbesserte Sauerstoffgerät oder der Pickel, weil ich die meisten dieser modernen Ausrüstungsgegenstände von vorneherein daheim ließ.

AUSRÜSTUNG FÜR EXPEDITIONEN

Persönliche Ausrüstung:

Socken
Kniestrümpfe
Unterhosen, lang
Unterhosen, kurz
Unterhemden
Hemden
Pullover
Halstuch
Kniebundhose
Lange Berghose, Loden
Überhose
Sonnenhut
Wollmützen
Sturmhaube
Handschuhe, gewalkt
Seidenhandschuhe
Daunenhandschuhe
Überhandschuhe
Überanorak
Gamaschen
Sturmanzug
Sonnenbrille
Sturmbrille
Bergschuhe, leicht
Expeditionsschuhe
Turnschuhe (Baseball)
Taschentücher
Rucksack
Tragekraxe mit Sack
Toilettenzeug
Handtücher
Steigeisen
Pickel oder Eisbeil
Steinschlaghelm
Taschenmesser
Stirnlampe
Feldflasche
Bussole
Höhenmesser
Daunenjacke
Daunenschlafsack
Klettergürtel
Sitzgürtel
1 Dtzd. Paßbilder

Gemeinsame Gebirgsausrüstung:

Basislagerzelte
Hochlagerzelte
Plastikplanen
Mehrfachschuhe
3 Paar Handschuhe
Mütze
Anorak
Gamaschen
Rucksack, groß
Tragekraxe
Taschenmesser
Sonnenhut
Feldflasche
Taschenlampe

Batterien
Daunenfäustlinge
Liegematten
Kocher
Brennmaterial
Federwaage
Seile
Kletterband
Reepschnüre
Eishaken
Eisschrauben
Felshaken
Kletterhammer
Klemmkeile
Karabiner
Eisstichel
Schaufeln
Lawinensonden
Jumar-Steigbügel
Thermometer
Markierungsfähnchen
Biwaksäcke
NRC-Decken

Küchenmaterial:
Gaskocher
Gas
Benzinkocher
Benzinkanister
Wasserkanister
Schüsseln
Dosen
Teekessel
Alutöpfe
Bratpfannen
Kochtöpfe
Drucktöpfe
Spülmittel
Geschirrtücher
Schöpfer
Kochlöffel
Trichter
Siebe
Bestecke
Teller
Zündhölzer

Allgemeines:
Nähzeug
Kerzen
Schuhputzzeug
Beil
Beißzange
Flachzange
Schraubenzieher
Feile
Bohrer
Säge
Schrauben
Isolierband
Nieten
Gaslampen
Gaskartuschen
Klopapier

Funkgeräte
Feldstecher
Notizhefte

Ausrüstung für die Hochträger:

Hemden
Anmarschhosen
Unterwäsche
Pullover, dick
Bergschuhe leicht
3 Paar Socken
5 Paar Strümpfe
Daunenjacke
Schlafsack
Liegematten
Zelt
Sonnenbrille
Pickel
Steigeisen
Kocher
Kochgeschirr
Eßgeschirr
Besteck
Klettergürtel
Sitzgürtel
Zigaretten, 10 pro Tag

TECHNIK, VERHALTEN

Was muß man über das Bergsteigen in den Alpen hinaus können?

Das klassische Klettern und Eisgehen sowie Sicherungsmethoden, Bergrettungstechnik und Verhalten in kleineren Gebirgen (Alpen, Pyrenäen usw.) setze ich voraus. Bei Expeditionen nun kommt es weniger auf eine ausgefeilte Klettertechnik für extremen Fels an als vielmehr auf sicheres, fast möchte ich sagen **instinktmäßiges Steigen** im mittelschwierigen Gelände.

Schon beim **Anmarsch** treten vielfach ernstliche Schwierigkeiten auf. Flüsse müssen überquert, Kletterstellen versichert und Eisbrüche sondiert werden. **Gletscherbäche,** die meist eisig kalt und reißend sind, werden am besten in den ersten Vormittagsstunden überschritten, in dem Augenblick, wenn die Wassermenge aufgrund des nächtlichen Frostes auf den Gletschern noch die geringste ist und doch die Sonne den unterkühlten Körper auf der anderen Flußseite aufwärmen kann. Kleinere Flüsse können einzeln überquert werden. Dabei behält man, wie auch bei allen großen Flüssen, Kleidung und Schuhwerk an. Auch beobachtet man die Kameraden und Träger. Besteht bei einem Fluß Gefahr, daß er einen Bergsteiger oder Träger mitreißen könnte, so überquert man ihn an einer langen Stange in Gruppe, und zwar so, daß sich jeder mit beiden Händen an dieser Stange halten kann und gleichzeitig jedem Halt gibt. Man überquert den Fluß im schrägen Winkel flußaufwärts. Daß zuerst eine relativ breite, flache Flußstelle als Furt gesucht wird, ist selbstverständlich. Ist der Fluß überall mehr als hüfthoch oder zwängt er sich durch eine Felsschlucht, so empfiehlt es sich, ein Seil zu werfen und eine Hängebrücke zu bauen.

Versicherungen an glitschigen und glatten, ausgesetzten Stellen **beim Anmarschweg** sollen wenigstens alle 5 bis 8 Meter eine Verankerung haben, die Seile gestrafft bleiben.

Bei **Gletscherüberquerungen,** die die einheimischen Träger nicht kennen, geht am besten eine Seilschaft voraus, um einen günstigen Weg zu finden.

Den Platz für das **Basislager** wählt man am besten so nah wie möglich am Berg, jedoch nicht höher als 5500 m. Dabei ist vor allem auf Lawinen- und Steinschlaggefahr zu achten, auch sollten die Zelte möglichst windgeschützt aufgestellt werden. Auch Basislagerplätze, die von anderen Expeditionen bereits benutzt wurden, sind auf ihre Sicherheit zu prüfen. Man muß immer mit dem schlimmsten Fall rechnen, das heißt damit, daß eine riesige Eis- oder Steinlawine von der Gipfelzone abgeht. Daß im Basislager Wasser vorhanden sein muß, nach Möglichkeit auch Feuerholz, ist selbstverständlich. Wenn es Gelegenheit gibt, das Basislager an einem letzten grünen Fleck einige Stunden vom Wandfuß entfernt zu errichten, empfehle ich, den Marsch dorthin in Kauf zu nehmen und diese letzte Oase zu nützen.

Die **Akklimatisations**zeit richtet sich nach der Höhe des Berges. Grundsätzlich akklimatisiere ich mich für einen **Fünftausender** wenigstens **1 Woche** lang, für einen **Sechstausender 2 Wochen** lang, für einen **Siebentausender 3 Wochen lang,** für einen **Achttausender 4 Wochen** lang. Dabei zählt natürlich auch die Anmarschzeit, soweit sie oberhalb von 2000 Metern Meereshöhe verbracht wurde. Auch für die hohen Achttausender, 8500 m und mehr, empfehle ich eine minimale Akklimatisationszeit von 4 Wochen, sie sollte nicht länger als 6 Wochen dauern. Am Berg selbst steigt man am besten immer wieder auf und ab, für den Gipfelangriff empfehle ich einen stetigen Anstieg, der im Basislager beginnen sollte. Das Diagramm soll diese Art der Akklimatisation veranschaulichen (Beispiel vom Hidden Peak):

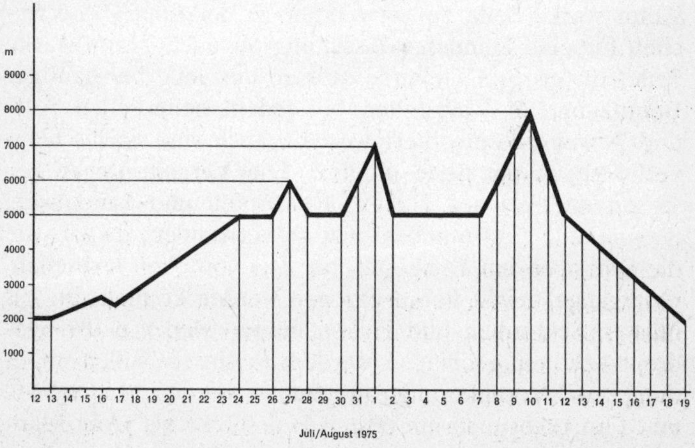

Der Aufenthalt in der **Todeszone,** die bei bester Akklimatisation zwischen 7600 und 8000 m beginnen dürfte, muß so kurz wie unbedingt nötig sein; sollte sie ohne Sauerstoffgeräte überschritten werden, darf sie nur einen Tag dauern. **Ein Biwak in der Todeszone ist immer lebensgefährlich.** In der Todeszone baut der menschliche Organismus nur mehr ab, eine Erholung ist auch bei Ruhe nicht mehr möglich und eine Verdauung ebenfalls nicht.

Bei einer klassischen Expedition, das heißt Aufbau von Hochlagern, Versorgung dieser Hochlager durch Hochträger oder Bergsteiger, dauerndem Pendeln zwischen den Lagern, ist es sinnvoll, alle schwierigen Stellen mit Fixseilen zu versehen. Diese **fixen Seile** sollen es auch klettertechnisch unerfahrenen Einheimischen ermöglichen, mit dem geringstmöglichen Kräfteaufwand aufsteigen und bei den schlechtesten Bedingungen auch in geschwächtem Zustand absteigen zu können. Die Stärke der Seile richtet sich nach der Häufigkeit der Verwendung und der Steilheit des Geländes. Im unteren Teil einer Achttausenderwand zum Beispiel empfiehlt es sich, 9 mm starke Seile zu verwenden, in der Gipfelzone reichen für eine einmalige Begehung oft auch 7 mm starke Seile. In felsigem Gelände müssen die Seile bei häufiger Benutzung, an Reibstellen bei jedem neuerlichen Auf- und Abstieg, kontrolliert werden, auch sind Steinschlagverletzungen der Seile möglich. Die **Verankerungen** bestehen im Fels aus Haken, Felsköpfen und Sanduhren. Klemmkeile sind nur begrenzt zu verwenden, da sie, wie die Schlingen um Felsköpfe, bei Zug von oben (Abseilen, Quergänge) leicht herausgezogen werden können. Im Eis müssen Schrauben und Haken immer wieder neu eingedreht bzw. eingeschlagen werden. Felsinseln sollen unbedingt zur Verankerung ausgenützt werden. In Schnee und Firn gräbt man am besten Holzstücke als »tote Männer« ein. Eine Reepschnur, die aus dem Schnee herausragt, verbindet mittels Prusikknoten das laufende Fixseil mit einem möglichst krummen Holzstück. Die Seilstücke müssen soweit wie möglich alle zusammengeknotet werden. Auch ist es wichtig, daß sie nicht straff gespannt sind, sondern von Verankerungspunkt zu Verankerungspunkt Spielraum zum Abseilen bleibt. Der Aufstieg an den Fixseilen erfolgt mit Steigklemmen und einer jeweiligen Sicherung (laufender Karabiner), wobei zwischen 2 Fixpunkten jeweils nur ein Mann steigen soll. Das Anbringen von Versicherungen erfolgt am besten so, daß der Seilerste wie üblich klettert, überall dort, wo er für später einen Verankerungspunkt für notwendig hält, einen Zwischenhaken schlägt, das Seil durchlaufen läßt und am Standplatz eine Verankerung baut. Der Seilzweite steigt am Fixseil nach, fixiert dieses an den Zwischenhaken. Für das nächste Wandstück wird ein neues Seilstück zum Sichern beim Klettern und gleichzeitig Versichern benützt. Beim Abstieg kontrolliert man die Längen zwischen den einzelnen Fixpunkten und gleicht eventuell aus.

Sind bei Überhängen oder senkrechten Wandstellen Leitern notwendig, so darf ein zusätzliches Geländerseil zur Sicherung nicht fehlen.

Gletscherbrüche und größere flache Schneeflächen sollen immer mit **Orientierungsstangen** (Bambusstangen, etwa 1 m lang) markiert werden. Ein Fähnchen daran erleichtert im Notfall das Auffinden der Route. Die Wahl der **Lager- und Biwakplätze** verlangt sehr viel Erfahrung. Obwohl Himalajahänge weniger lawinengefährlich sind als entsprechende Alpenhänge, muß aufgrund der größeren Ausmaße immer mit großer Vorsicht ans Werk gegangen werden. Als Lagerplätze bieten sich Pfeilerköpfe an, das Innere von Randspalten in Eiswänden, geschützte Terrassen. Wenn kein geeigneter Lagerplatz gefunden werden kann, gräbt man am besten eine tiefe Höhle in Firn und Eis und stellt Boxen so an die Wand, daß das Dach eine Linie mit der darüberliegenden steilen Flanke bildet.

Der **Höhenunterschied zwischen den Lagerplätzen** hängt natürlich von den Gegebenheiten der Wand ab. Grundsätzlich aber darf er im unteren Teil größer sein als oben, ungefähr zwischen 1200 und 500 m. Allzu viele Zwischenlager halte ich für taktisch ungünstig. Als Grundregel darf gelten, daß man bei Versicherung und schlechtesten Verhältnissen die Strecke zwischen 2 Lagern leicht an einem Tag im Auf- und Abstieg bewältigen kann.

Die **Taktik** des Aufstieges und Gipfelangriffes ist bei jeder Expedition eine andere. Sie hängt vom Wetter, von der Schwierigkeit und nicht zuletzt von der Stärke der Mannschaft ab. Bei Spitzenunternehmungen ist es selbstverständlich, daß die beiden besten Teilnehmer den ersten Gipfelangriff starten, daß dabei alle Lager besetzt sind. Es ist in diesem Fall auch wichtig, wer in welchem Lager sitzt. Ein Expeditionsarzt sollte auf jeden Fall im Sturmlager sein.

Das Basislager Reinhold Messners am Hidden Peak

EXPEDITIONEN: WANN – WIE – WOHIN

Ziel/Gebirge	Gipfelhöhe	Land/Staat	Genehmigung
Pamirgebirge	7000–7500 m	UdSSR	begrenzte Einreise möglich
	6000–7000 m		
Afghanischer Hindukusch	Trekkings	Afghanistan	im Moment nicht möglich
	5500–7000 m		
	7000–7500 m		
Pakistanischer Hindukusch, Karakorum und Nanga Parbat	Trekkings	Pakistan	ja
	6000–7000 m		ja / ca. $ 500
	7000–8000 m		ja / ca. $ 1000
	8000 m u. darüber		ja / ca. $ 2000
Berge in China: Tibet, Singkiang	Trekkings	China	ja / ca. $ 60/Person
	6000–8848 m		ja / $ 1000–3000
Nepal-Himalaja	Trekkings	Nepal	Trekking-Permit
	6000–6600 m		teilw. m. Trekk.-Permit
	6600–8000 m		Genehm./ca. $ 800
	8000 m u. darüber		Genehm./ca. $ 1000
Sikkim-Himalaja	Trekkings	Indien	Permit
	6000–7000 m		Genehmigung
	7000–8000 m		Genehmigung
Neuguinea Carstenszgebirge	Trekkings	Indonesien	ja
	4000–5000 m		ja
Patagonien	Trekkings	Argentinien	–
	2000–4000 m		–
Anden und Kordilleren	5000–6000 m	Peru, Bolivien, Argentinien, Chile	nur für den Aconcagua
	6000–7000 m		
Alaska	Trekkings	USA	–
	3000–6200 m		–
Grönland	0–3400 m	Dänemark	–
Ostafrika	5000–6000 m	Kenia, Tansania	–

Dauer inklusive An- und Rückreise	Günstigste Jahreszeit	Anreise	Bemerkungen
4–6 Wochen	Juni, Juli, August	Flug, Geländefahrzeug, auch Bahn	am einfachsten im Bergsteiger-Austausch; Alpiniaden
3–4 Wochen			
3–4 Wochen	Juni, Juli, August, September,	Flug oder eigenes Fahrzeug	auf Grund politischer Schwierigkeiten unzugänglich
3–5 Wochen			
4–6 Wochen	Juli, August		
3–8 Wochen	Mai–August	Flug oder eigenes Fahrzeug, Inlandflüge	große interne Flugwartezeiten einberechnen Hochtr.: 80–100 Rs. Begleitoffizier notw.
3–8 Wochen			
4–10 Wochen			
6–12 Wochen			K 2 / $ 1500 Gebühr
4–6 Wochen	März–Oktober	Flug über Peking	seit 1980 sind Tibet, Singkiang, Sichuan offen
6–10 Wochen			
3–4 Wochen	Oktober–Mai	Flug oder eigenes Fahrzeug, Inlandflüge	werden von Reisebüros angeboten
4–5 Wochen	Oktober, April, Mai		ohne Begleitoffizier
5–7 Wochen	September, Oktober, März, April, Mai		Begleitoffizier notw.
6–10 Wochen			Everest/$ 2500 Geb.
3–4 Wochen	Vor- und Nachmonsunzeit	Flug oder eigenes Fahrzeug	Indien beginnt Expeditionswesen zu fördern
4–6 Wochen	April, Mai, Oktober		
5–8 Wochen			
4–5 Wochen	Januar bis Dezember	Flug, Inlandflüge	die Einheimischen nehmen nun auch Geld als Trägerlohn
4–8 Wochen			
3–6 Wochen	November–März	Flug, Helikopter	sehr viel Sturm und schlechtes Wetter
4–10 Wochen	Dezember, Januar, Februar		
2–3 Wochen	Aconcagua und Umgebung Dezember, Januar, Februar	Flug, Busse, gemietete Wagen	in den Anden wird nun im Alpenstil berggestiegen
3–5 Wochen	Peru usw. Mai bis August		
3–4 Wochen	Mai, Juni, Juli	Flug, Gletscherflug	wenig erschlossen
4–5 Wochen			lokale Führer
2–4 Wochen	Juli, August	Flug, Helikopter, Boot	viele Erstbesteigungsmöglichkeiten
2–3 Wochen	Dezember, Januar Februar, August	Flug, Geländefahrzeug	Klettereien aller Schwierigkeitsgrade

DIE MARKSTEINE IN DER GESCHICHTE DER EXPEDITIONEN

Jahr	Gipfel	Grat/Flanke/Wand	Gebirge	Gipfelhöhe	Anmarsch	Höhenunterschied Wandhöhe	Schwierigkeit
1786	Montblanc	Nordflanke	Alpen	4807 m	kurz, leicht	ca. 2500 m	gering
1855	Abi Gamin	Höhenrekord	Himalaja	bis 6785 m	lang, leicht	bis 560 m unterm Gipfel	gering
1874	Elbrus	Normalweg	Kaukasus	5633 m	kurz, leicht	ca. 2500 m	gering
1895	Kilimandscharo	Normalweg	Ostafrika	6010 m	kurz, leicht	ca. 4000 m	–
1897	Nanga Parbat	Westflanke	Himalaja	bis 6100 m	schwierig	bis 200 m unterm Gipfel	III
1899	Aconcagua	Normalweg	Anden	6959 m	kurz, leicht	ca. 2700 m	–
1907	Trisul	Normalweg	Himalaja	7120 m	leicht	ca. 3000 m	–
1909	Chogolisa	Normalweg	Karakorum	bis 7500 m	lang, schwierig	ca. 2500 m	gering
1913	Mount McKinley	Nordostseite	Alaska	6187 m	lang	ca. 4000 m	–
1921	Mount Everest	Nordseite	Himalaja		1. sensationelle Expedition		–
1922	Mount Everest	Nordseite	Himalaja	bis 8326 m	lang	ca. 2800 m	leicht
1924	Mount Everest	Nordseite	Himalaja	bis ?	lang	? (verschollen)	schwierig
1939	K 2	Südwand	Karakorum	bis 8381 m	lang, schwierig	ca. 3300 m	IV
1950	Annapurna	Nordseite/Normalweg	Himalaja	8091 m	lang	ca. 2700 m	leicht
1953	Mount Everest	Südsattel/Normalweg	Himalaja	8848 m	leicht	ca. 3500 m	III, 90°
1953	Nanga Parbat	Nordseite/Normalweg	Himalaja	8125 m	leicht	ca. 4000 m	IV–V

VON DER ERSTBESTEIGUNG DES MONTBLANC BIS HEUTE

Jahr		Erstbegehung – Erstbesteigung	Expeditionsleiter	Hochlager	Fixseile	Sauerstoffgeräte	Hochträger	Teilnehmer
1786	8. 8. 1786	Dr. Michel Paccard, Jacques Balmat	auf Anregung von H. B. de Saussure	keine 1 Biwak	–	–	–	2
1855	Vers. 1855	Robert u. Adolf Schlagintweit	Schlagintweit	primitive	–	–	wenige	2
1874	28. 7. 1874	F. C. Grove, P. Knubel, W. A. Moore, H. Walker, F. Gardiner	Peter Knubel als Führer	–	–	–	–	5
1895	6. 10. 1899	H. Meyer, L. Purtscheller	–	primitive	–	–	wenige	2
1897	Vers. 1895	A. F. Mummery u. ein Gurkha	A. F. Mummery	primitive	–	–	1	3–4
1899	14. 1. 1897	Matthias Zurbriggen	E. A. Fitzgerald	1	–	–	–	7
1907	12. 6. 1907	Longstaff, E. u. A. Brocherel, Kharbir	T. G. Longstaff	mehrere	–	–	einige	3
1909	Vers. 1909	Luigi Amedeo, Herzog der Abruzzen	Herzog der Abruzzen	mehrere	–	–	ja	viele
1913	7. 6. 1913	H. Stuck, H. Karstens, R. Tatun, W. Harper	Hudson Stuck	primitive	–	–	–	4
1921	Vers. 1921	Erkundung	C. K. Howard-Bury	–	–	–	–	–
1922	Vers. 1922	Finch u. Bruce	Ch. G. Bruce	5	–	ja	ja	10
1924	Vers. 1924	Mallory, Irvine, Norton bis 8572 ohne O_2	Bruce/Norton	6	–	teilweise	ja	13
1939	Vers. 1939	F. Wiessner, Pasang Dawa Lama	Fritz Wiessner	9	ja	–	ja	3 (10)
1950	3. 6. 1950	L. Lachenal, M. Herzog	Maurice Herzog	5	teilweise	–	ca. 8	9
1953	29. 5. 1953	E. Hillary, Tensing Norgay	John Hunt	9	teilweise	ja	ca. 34	14
1953	3. 7. 1953	Hermann Buhl	Dr. K. M. Herrligkoffer	5	teilweise	–	ca. 20	10

Jahr	Gipfel	Grat/Flanke/Wand	Gebirge	Gipfelhöhe	Anmarsch	Höhenunterschied Wandhöhe	Schwierigkeit
1954	K 2	Ostseite/Normalweg	Karakorum	8611 m	lang, schwierig	ca. 3500 m	IV
1954	Cho Oyu	Nordwestseite/Normalweg	Himalaja	8153 m	lang	ca. 2700 m	leicht
1954	Aconcagua	Südwand	Anden	6959 m	kurz	ca. 3000 m	VI/90°
1956	Mustagh Tower	Westnordwestgrat	Karakorum	7280 m	lang, schwierig	ca. 2500 m	V
1957	Broad Peak	Nordwestflanke	Karakorum	8047 m	lang, schwierig	ca. 3000 m	IV
1962	Nanga Parbat	Diamirseite	Himalaja	8125 m	leicht	(BL–G) 3500 m	III–IV
1963	Mount Everest	Westgrat	Himalaja	8848 m	leicht	(BL–G) 3500 m	III
1970	Annapurna	Südwand	Himalaja	8091 m	leicht	3000 m	IV, 90°
1970	Nanga Parbat	Südwand/Rupalflanke	Himalaja	8125 m	leicht	ca. 4500 m	IV, 90°
1971	Makalu	Westpfeiler	Himalaja	8481 m	lang	ca. 3500 m	V/VI
1975	Mount Everest	Südwestwand	Himalaja	8848 m	leicht	2000 m (BL–G) 3500 m	IV, 55°
1975	Hidden Peak	Nordwestwand	Karakorum	8068 m	lang, schwierig	2000 m (BL–G) 3000 m	IV–V, 60°
1978	Mount Everest	Südsattel/Normalweg	Himalaja	8848 m	leicht	ca. 3500 m	III, 90°
1978	Nanga Parbat	direkte Diamirwand	Himalaja	8125 m	lang	ca. 4000 m	IV, 80°
1979	Kangchendzönga	Nordwestseite	Himalaja	8598 m	lang	ca. 3500 m	V, 60°

Jahr		Erstbegehung – Erstbesteigung	Expeditionsleiter	Hochlager	Fixseile	Sauerstoff-geräte	Hoch-träger	Teil-nehmer
1954	31. 7. 1954	L. Lacedelli, A. Compagnoni	Ardito Desio	9	ca. 2000 m	ja	ca. 30	14
1954	19. 10. 1954	H. Tichy, S. Jöchler, P. Dawa Lama	Herbert Tichy	4	teilweise	–	ca. 5	3
1954	24. 2. 1954	L. Bérardini, Dagory, Devies, Lesueur, Paragot, Poulet	René Ferlet	2 und 6 Biwaks	ca. 1000 m	–	–	7
1956	6. 7. 1956	J. Brown, J. McNaught-Davis	J. Hartog	4	ja	–	ja	5
1957	9. 6. 1957	M. Schmuck, F. Wintersteller, H. Buhl, K. Diemberger	Marcus Schmuck	3	ca. 80 m	–	–	4
1962	22. 6. 1962	T. Kinshofer, A. Mannhardt, S. Löw	Dr. K. M. Herrligkoffer	4	ca. 1000 m	–	ca. 15	9
1963	22. 5. 1963	W. Unsoeld, T. Hornbein	Norman Dyhrenfurth	5	ca. 2000 m	ja	ca. 40	20
1970	27. 5. 1970	D. Haston, D. Whillans	Chris Bonington	6	ca. 2000 m	–	ca. 4	11
1970	27. 6. 1970	G. u. R. Messner	Dr. K. M. Herrligkoffer	5	ca. 1800 m	–	ca. 20	18
1971	23. 5. 1971	B. Mellet u. Y. Seigneur	Robert Paragot	6	ca. 1500 m	ja	ca. 15	11
1975	24. 9. 1975	D. Haston u. D. Scott	Chris Bonington	6	ca. 2000 m	ja	ca. 60	ca. 19
1975	10. 8. 1975	R. Messner u. P. Habeler	R. Messner	keine/ 2 Biwaks	–	–	–	2
1978	8. 5. 1978	R. Messner u. P. Habeler	W. Nairz	4	ca. 2000 m	nein	ca. 25	(2) 12
1978	10. 8. 1978	R. Messner solo	R. Messner	keine/ 3 Biwaks	–	–	–	1
1979	16. 5. 1979	Peter Boardman, Doug Scott	Joe Tasker	4/1 Biwak	ca. 1500 m	nein	2	4

Thor Heyerdahl

Kon-Tiki

Ullstein Buch 32019

Safari bei Ullstein

Viele tausend Kilometer Ozean liegen zwischen Peru und Polynesien. Thor Heyerdahl wagt auf dem Floß Kon-Tiki die abenteuerliche Fahrt in die Südsee. Diese Expedition erfordert den ganzen Einsatz seiner Persönlichkeit. Gelingt ihm der Beweis für seine unorthodoxe Idee, daß die Kultur Polynesiens aus Südamerika stammt?

Heinrich Harrer

Sieben Jahre in Tibet

Ullstein Buch 32021

Safari bei Ullstein

Heinrich Harrer, Lehrer und Freund des Gottkönigs Dalai Lama, schildert in diesem weltberühmten Buch seine Erlebnisse in der »Verbotenen Stadt« Lhasa, wo er sieben Jahre am Hof des Dalai Lama verbrachte.
Dieser erregende Bericht erschien mit Originalfotos von Heinrich Harrer in einer Gesamtauflage von 2,5 Millionen Exemplaren.
Er wurde in vierzig Sprachen übersetzt und ging als Film um die Welt. Auch das Fernsehen berichtete über die sensationellen Erlebnisse des einzigen Europäers am tibetanischen Königshof.
»Ein Einblick in die letzten Jahre des theokratischen Tibet.« (FAZ)